BONN AKTUELL

Hans-Dietrich Genscher

Deutsche Außenpolitik

BONN AKTUELL

VERLAG BONN AKTUELL GMBH · STUTTGART

CIP-Kurztitelaufnahme der Deutschen Bibliothek
Genscher, Hans-Dietrich
Deutsche Außenpolitik
Stuttgart: Verlag Bonn Aktuell, 1977.
ISBN 3-87959-078-8

Verlag BONN AKTUELL GmbH
Dezember 1977
ISBN 3-87959-078-8

Umschlagentwurf: Heiko Rogge, 7506 Bad Herrenalb 5
Gesamtherstellung: Süddeutsche Verlagsanstalt und Druckerei GmbH,
7140 Ludwigsburg

Inhalt

Einführung

Von Ralf Dahrendorf

Seine Minister-Reden verraten den Mann Hans-Dietrich Genscher und dessen Qualität: die Aussagen, die sie machen, sind erarbeitet – sowohl in dem Sinne daß sie sorgfältig belegt und begründet sind als auch vor allem in dem, daß sie getragen sind von denen, auf die es ankommt. Genscher sagt gerne »die Bundesregierung« oder auch »mein Land«. Daraus spricht nicht nur die Tatsache, daß Außenpolitik, von Perioden des Umbruchs abgesehen, stets stärker konsensusbezogen ist als Innenpolitik, sondern auch das Temperament eines Ministers, der vor allem ein Verwirklicher, ein Durchsetzer ist. Was er sagt, hat Hand und Fuß, es steht und es greift. Die hier vorliegenden Reden geben daher mehr als eines Mannes Ideen; sie kennzeichnen die von ihm vertretene Außenpolitik der Bundesrepublik in der Mitte der 70er Jahre.

Diese Außenpolitik ist für Genscher bestimmt durch zwei Themen und ein Instrument oder vielleicht Instrumentarium: die Themen sind die Entspannung und die neue Weltwirtschaftsordnung, das Instrumentarium ist die Bündnispolitik. Bei allen drei setzt der Außenminister seine Akzente.

Entspannungspolitik ist ohne Alternative; allerdings muß sie realistisch sein. Das ist Genschers Auffassung, die sich mittlerweile durchgesetzt hat. Weniger offenkundig vielleicht, aber mindestens so stark ist das Motiv, das Genscher zum Befürworter der Entspannungspolitik macht. Es ist ein deutsches Motiv. »Niemand kann ein größeres Interesse als wir Deutsche daran haben, daß die KSZE ihr Ziel erreicht, die Beziehungen und die Kontakte zwischen den Staaten und den Menschen in ganz Europa zu verbessern«, sagt er, und setzt wenig später hinzu, es »würde niemand mehr als wir seine nationale Pflicht versäumen«, wenn nicht jede Chance zur Linderung der deutschen Teilung genützt würde. Es ist daher keine Phrase, wenn Genscher Berlin immer wieder zum Prüfstein der Entspannung erklärt. Daß die Polen-Abkommen am Ende von einer breiten parlamentarischen Mehrheit getragen wurden, darf man ihm zum Verdienst anrechnen; es ist für Genscher auch ein Stück auf deutsche Geschichte und Zukunft gerichtete Politik.

Das, was früher Entwicklungspolitik hieß, hat in den letzten Jahren einen besonderen Rang gewonnen und seine Qualität geändert. Genscher hat das sogleich erkannt. Seine in diesem Band abgedruckte Rede auf der 7. Sonder-Generalversammlung der Vereinten Nationen verdient das Prädikat »bedeutend«. Sie ist ein großangelegter und doch detaillierter Versuch nachzuweisen, daß marktwirtschaftliche, oder zumindest marktkonforme Methoden sich nicht gegen die Schwächeren richten, wenn eine »soziale Weltmarktwirtschaft« realisiert wird. Nicht in dieser Rede, aber in einem anderen Beitrag findet sich dazu die bemerkenswerte Anregung: »Eine Weltwirtschaftsordnung und – ich füge hinzu – eine Weltfriedensordnung, deren Teilnehmer sich in Richtung auf immer größere Ungleichheit auseinanderentwickeln, kann nicht stabil bleiben.« Das ist einstweilen noch die Wirklichkeit der Welt, und viel Zeit bleibt nicht mehr, um die vernünftigen Kriterien des deutschen Außenministers anzuwenden.

Bei alledem ist Genscher kein Freund von Alleingängen. Wenn er von den bindenden Bündnissen spricht, meint er das ernst. Das nordatlantische Bündnis ist dabei für ihn umgreifend. Die europäische Einigung versteht er bei aller Intensität ihrer Bejahung als Stütze und Stärkung der freien Welt. Darum kann er sagen: »Wir wollen kein Volksfront-Europa.« Darum findet sich eine gewisse Wärme in seinen Forderungen nach einem »Europa der Bürger«. (Daß Genscher sich um die Direktwahlen zum Europäischen Parlament verdient gemacht hat, wird allerorten anerkannt.) Es liegt in diesem Sinne, daß Genscher keine erheblichen Interessenunterschiede zwischen den USA und Europa sieht und somit sagen kann: »Jeder Versuch, diese Interessenunterschiede zu benutzen, um an ihnen die ›europäische Identität‹ zu definieren, ist ein gefährlicher Irrweg.«

Ein Band wie dieser dient der Information und nicht der kritischen Auseinandersetzung. Sie wäre ohnehin weniger eine Diskussion mit dem Autor der Reden als mit den Annahmen der deutschen Außenpolitik. Die Konturen des deutschen Europabildes zumal werden zunehmend unscharf, und eine Klarstellung des deutschen Außenministers mit dem ganzen Gewicht seiner Reden zur neuen Weltwirtschaftsordnung wäre von erheblichem Interesse. Daß es kein Zufall ist, wenn in Mitgliedsstaaten der

Europäischen Gemeinschaften kommunistische Parteien ein Viertel, ja ein Drittel und mehr der Stimmen bei Wahlen an sich ziehen, sagt Genscher selbst. Was, außer nordatlantischer Sorge, bedeutet das für das Europa der Bundesrepublik? Und was bedeutet es, wenn andere beharrlich die europäische Identität von der amerikanischen abheben wollen? Was, wenn die deutsche Version der Entspannungspolitik von den europäischen Partnern nur bedingt geteilt wird? Und wie steht es unterhalb der Oberfläche mit den Gemeinsamkeiten der Haltung zur Dritten Welt? Stimmt es wirklich noch, daß die Wirtschafts- und Währungsunion ein übereinstimmendes, oder auch nur ein deutsches Ziel der Europapolitik ist? Und was bedeutet die Antwort auf solche Fragen für die an sich folgerichtige und erfolgreiche Balance der deutschen Außenpolitik? Ein nächster Band von Reden Hans-Dietrich Genschers, in ein paar Jahren, wird solche Fragen beantworten.

Eine letzte Bemerkung noch, die den Leser der Reden dieses Bandes anregen mag. Hans-Dietrich Genscher ist Liberaler, und er läßt daran auch als Außenminister keinen Zweifel. Dabei gibt er auf seine Weise eine Antwort auf die Frage, was denn liberale Außenpolitik ist. Sie ist zunächst schlicht vernünftige Außenpolitik, also nicht als solche gegen andere gerichtet, sondern von der Hoffnung bestimmt, daß andere sich durch Argumente überzeugen lassen. Aber dann kommen ein paar Elemente hinzu, die festgehalten zu werden lohnen. Dazu gehört die Anwendung der spezifisch sozialliberalen Verbindung von sozialer Verpflichtung und Glaube an die Humanität des Marktes auf die Weltwirtschaft. Dazu gehört es, keine Abstriche zu machen von dem, was Genscher gerne die »geschichtliche Idee von Freiheit und Würde des Menschen« nennt. Dazu gehört vor allem aber die Bereitschaft, andere, auch andere Gemeinwesen, in ihrem

Eigenrecht zu erkennen und daher mit ihnen zusammenzuarbeiten. Außenminister Genscher hat der deutschen Mitwirkung in den Vereinten Nationen einen Rang gegeben, von dem ich gerne hoffen möchte, daß er als Vermächtnis eines liberalen Politikers lange fortwirkt in der deutschen Politik. Seine Reden liefern denen, die dazu Orientierungen suchen, wichtige Grundlagen.

Ralf Dahrendorf

Die zentralen Aufgaben der deutschen Außenpolitik

Beitrag in dem Sammelband
»Liberale in der Verantwortung«, herausgegeben von
Hans-Dietrich Genscher, München 1976

Zwei globale Gegensätze bestimmen im letzten Viertel dieses Jahrhunderts die internationale Umwelt, in der sich die Bundesrepublik Deutschland in Gemeinschaft mit den anderen freiheitlichen Demokratien behaupten muß: Ost-West-Gegensatz und Nord-Süd-Gegensatz. Der eine Gegensatz kann, wenn er außer Kontrolle geriete, die Welt in die Katastrophe eines thermonuklearen Kriegs stürzen; der andere Gegensatz kann, wenn er nicht in konstruktive Bahnen gelenkt wird, zu schweren Störungen der arbeitsteiligen Weltwirtschaft führen und damit unser eigenes wirtschaftliches Wachstum bedrohen.

Liberale Außenpolitik sieht diesen Gefahren ins Auge. Im Geist zugleich der Aufgeschlossenheit und der Nüchternheit ist sie bemüht, aktiv beizutragen, die beiden großen Gegensätze in unserer Welt zu entschärfen. Sie stellt damit der deutschen Außenpolitik eine doppelte weltpolitische Aufgabe:

- Die Aufgabe einer *realistischen Ostpolitik*, in der die Bemühung um Entspannung mit dem Willen, das Kräftegleichgewicht aufrechtzuerhalten, untrennbar verbunden ist,
- die Aufgabe andererseits einer vorausschauenden *Dritte-Welt-Politik*, die darauf gerichtet ist, durch einen gerechten Interessenausgleich zwischen Nord und Süd ein stabiles Verhältnis der Kooperation zu schaffen.

Es sind dies Aufgaben, die nur in enger Zusammenarbeit mit unseren europäischen Partnern und mit den Vereinigten Staaten und unseren anderen westlichen Verbündeten zu erfüllen sind. Ost-Politik und Dritte-Welt-Politik sind nach liberaler Vorstellung undenkbar ohne eine *aktive Europa-Politik* und eine *aktive Bündnis-Politik.*

I

Entspannung und Politik des Kräftegleichgewichts

Entspannung ist nicht Zustand, sondern Prozeß, ist nicht Abwesenheit von Spannung, sondern Bemühung, die Ost-West-Spannung unter Kontrolle zu halten und wo immer möglich zu verringern.

Westen wie Osten stehen unter der Drohung einer nuklearen Katastrophe. Dies ist die Basis der Entspannungspolitik. Die Rivalität der zwei ideologisch einander entgegengesetzten Systeme ist damit jedoch nicht verschwunden; der »Wettkampf der Systeme« geht weiter.

Liberale Entspannungspolitik ist sich in jedem Moment bewußt, daß die *langfristigen* Erwartungen, mit denen Ost und West in den Entspannungsprozeß eingetreten sind, einander entgegengesetzt sind:

Der *Westen* will, daß Entspannung auf die Dauer auch den ideologischen Gegensatz entschärft und damit auf lange Frist zu einem wirklich stabilen Neben- und Miteinander führt. Zunehmender Austausch von Informationen und zunehmende Kontakte zwischen den Menschen in Ost und West werden – dies ist die Kalkulation – die ideologische Starrheit des östlichen Systems lockern; zunehmende Kooperation in Wirtschaft, Wissenschaft, Umweltschutz und anderen Gebieten werden zugleich das Interesse des Ostens an der Stabilität dieser Zusammenarbeit stetig wachsen lassen und damit auch sein Interesse ständig stärken, diese Zusammenarbeit nicht durch Konfrontationspolitik aufs Spiel zu setzen.

Anders die langfristige Rechnung des *Ostens*: Seine Ideologie läßt ihn – immer noch – daran glauben, daß der »Kapitalismus« an inneren Problemen zusammenbrechen wird. Dies sei der gesetzmäßige Gang der Geschichte, und Entspannung habe nicht die Aufgabe, das Rad der Geschichte anzuhalten. Entspannung und friedliche Koexistenz – so Breschnew vor dem 25. Parteitag im Februar 1976 – betreffe nur die zwischen*staatlichen* Beziehungen; sie könne die Gesetze des Klassenkampfes weder aufheben noch abändern. Mit anderen Worten also: Auf ideologischem und gesellschaftlichem Gebiet geht der Klassenkampf weiter, und die sowjetische kommunistische Partei wird diesen solidarisch unterstützen. Und wie Angola zeigt: Wo immer dies ohne Risiko geschehen kann, wird diese Unterstützung nicht nur »ideologisch« sein.

Welche der beiden Hoffnungen wird sich am Ende als die richtige erweisen: die des Westens oder die des Ostens? Fundament der sowjetischen Politik ist der Glaube, das »Kräfteverhältnis« entwickle sich stetig zu Gunsten des sozialistischen Lagers. Nur wenn der Westen diesen Glauben durch seine innere Vitalität und seine Kraft und Entschlossenheit widerlegt, wird sich schließlich der Osten mit der Existenz freiheitlicher Demokratien abfinden, und nur dann wird die Interimslösung des »modus vivendi« in einen echten Frieden münden.

Entspannungspolitik muß daher einhergehen mit der Entschlossenheit der westlichen Demokratien, alle notwendigen Anstrengungen und Opfer auf sich zu nehmen, um auch das militärische Kräftegleichgewicht zu halten. Ein starkes westliches Bündnis ist nicht Gegensatz, sondern Voraussetzung der Entspannungspolitik.

Aufgabe der Außenpolitik ist es dabei, den Versuch zu unternehmen, dieses militärische Gleichgewicht durch eine zwischen Ost und West vereinbarte Rüstungsbegrenzung zu sichern, um auf diese Weise nicht nur die ungeheure Verschwendung eines Rüstungswettlaufs zu vermeiden, sondern auch der Gefahr der Destabilisierung vorzubeugen, die mit einem Rüstungswettlauf verbunden ist.

Dem Ziel des Gleichgewichts durch Rüstungsbegrenzung dienen im *nuklearen und globalen* Bereich die amerikanisch-sowjetischen Verhandlungen über die Limitierung strategischer Waffen (SALT). Im *konventionellen und zentral-europäischen* Bereich dienen demselben Ziel die Wiener Verhandlungen über beiderseitige ausgewogene Verringerungen der Landstreitkräfte (MBFR).

Gegenwärtig stehen sich in Mitteleuropa gegenüber:

- NATO: rund 780 000 Mann (davon 193 000 amerikanische Soldaten) und 6000 Panzer;

- Warschauer Pakt: rund 930 000 Mann (davon 460 000 sowjetische Soldaten) und 15 500 Panzer.

Unsere Vorschläge gehen darauf hin, eine ungefähre Parität herzustellen und zugleich das Niveau dieser Parität auf rund 700 000 Mann zu senken. Der Ostblock ist demgegenüber bestrebt, die gegenwärtige Disparität aufrechtzuerhalten. Aber nur Parität stimmt mit Entspannung überein. Wir werden unser Bemühen beharrlich fortsetzen, die Sowjetunion davon zu überzeugen.

Entspannungspolitik als Bemühung, die Ost-West-Rivalität zu zügeln und das Feld gemeinsamer Interessen zu verbreitern, ist in einer Welt thermo-nuklearer Vernichtungswaffen *ohne Alternative.* Wir müssen uns jedoch klar darüber sein: Entspannungspolitik ist eine *komplexe, schwierige Politik.* Sie muß zwei Ziele zu gleicher Zeit und mit gleicher Energie verfolgen: das Ziel, ein stabiles Verhältnis zwischen Ost und West herzustellen, und das Ziel, den Expansionsdrang der sowjetischen Weltmacht einzudämmen. Entspannungspolitik muß also mit der beharrlichen Bemühung um kooperative Lösungen den unbeugsamen Willen zur Verteidigung vereinen, und sie kann, wenn sie von den Bürgern die notwendigen Opfer zur Aufrechterhaltung des Gleichgewichts fordert, nicht an die Emotionen des kalten Krieges appellieren, sondern einzig auf die Einsicht der Bürger vertrauen. Die Freien Demokraten waren seit Beginn der 60er Jahre die Vorreiter – oder besser – die Vordenker einer realistischen Entspannungspolitik. Sie sind heute gefeit gegen die beiden Mißverständnisse, von denen eine realistische Entspannungspolitik dauernd bedroht ist: der Illusion einerseits, Konfrontationsrhetorik und eine Haltung des Alles oder Nichts mit Festigkeit und Entschlossenheit zu verwechseln, und dem naiven und nicht minder gefährlichen Traum andererseits, Entspannung könne schon auf kürzere Frist einen grundlegenden Wandel im östlichen System und in den östlichen Zielsetzungen bewirken.

Entspannungspolitik, so wie die F.D.P. sie versteht, ist eine Politik des nüchternen Realismus; sie beschönigt nicht, sondern sie blickt der harten Wirklichkeit des Ost-West-Gegensatzes ins Auge; sie orientiert sich am Machbaren, aber verliert das Wünschbare darüber nicht aus dem Auge.

Realistische Entspannungspolitik verspricht keinen plötzlichen Durchbruch, keine heile Welt; ja sie verspricht nicht einmal einen geradlinigen, von Rückschlägen freien Fortschritt. Ihre unmittelbaren Ziele sind bescheidener: Sie will, wo immer möglich, die Beziehungen verbessern, sie will vermeidbare Konflikte vermeiden, und sie will unausweichlichen Konflikten nicht ausweichen, wohl aber versuchen, sie durch Diplomatie zu dämpfen, statt durch Konfrontationsgehabe zu massiven Krisen aufzupeitschen.

Die Entspannungspolitik der sozial-liberalen Koalition

Die Bundesrepublik Deutschland hat seit Bildung der sozial-liberalen Koalitionsregierung im Jahre 1969 aktiv und in vielem bahnbrechend zur Entspannungspolitik des Westens beigetragen:

- durch die Verträge von Moskau, Warschau und Prag (1970 und 1973),
- durch den Grundlagenvertrag mit der DDR (1972),
- durch ihre Mitwirkung an der Konferenz über Sicherheit und Zusammenarbeit in Europa und ihre wesentliche Einflußnahme auf die Ergebnisse dieser Konferenz (1975).

Diese aktive Teilnahme an der Entspannungspolitik ging von der Erkenntnis aus, daß kein Volk an Entspannung mehr interessiert sein muß als das deutsche Volk. Denn die Teilungslinie Europas läuft durch Deutschland. Niemand kann sich von Kontakten und Zusammenarbeit über die Grenzen der Systeme hinweg größeren Nutzen erhoffen als die Menschen in den beiden deutschen Staaten.

Ein Vergleich der heutigen Situation mit der Situation vor 1969 macht bewußt, was erreicht wurde:

- Mit den osteuropäischen Staaten bestehen heute normale diplomatische Beziehungen.
- Die Regierungen der beiden deutschen Staaten reden und verhandeln miteinander. Nach zwei Jahrzehnten der Beziehungslosigkeit sind deutsche Probleme endlich wieder Aufgabe praktischer Politik geworden.
- Der Handelsaustausch mit dem Osten ist sprunghaft gestiegen. Die Bundesrepublik Deutschland ist heute der wichtigste westliche Wirtschaftspartner des Ostblocks. Dies bringt beiden Seiten nicht nur wirtschaftlichen Gewinn, sondern schafft auch im politischen Bereich ein wechselseitiges Interesse an Stabilität der Beziehungen.
- Enorm ausgeweitet hat sich vor allem auch der westöstliche Reiseverkehr. 1975 fuhren über 3 Millionen Bundesbürger (die Westberliner nicht eingerechnet) in die DDR; die Zahl der DDR-Besuche übertraf damit zum ersten Mal die Zahl der Italienreisen. Und wenigstens für Rentner war auch der Weg aus der DDR zu uns offen; rund 1,3 Millionen kamen. Eine Reise in die DDR ist keine Reise mehr »in ein fernes Land«, wie ein bekannter Buchtitel 1964 sagte. Dem ständig weiteren Auseinanderleben der Deutschen in den beiden Staaten ist Einhalt getan.

Voll einbezogen in die Entspannung ist auch *Westberlin*. Auch die Westberliner können heute nach Ostberlin und in die DDR fahren. Die Teilung Berlins, die so viele Familien und Freunde auseinanderreißt, ist damit wenigstens etwas erträglicher gemacht.

Der Verkehr zwischen dem Bundesgebiet und Westberlin ist flüssig und im wesentlichen störungsfrei. Fast 15 Millionen Menschen benutzten 1975 die Transitwege. Die neuen Verkehrsvereinbarungen mit der DDR werden die Zufahrtswege ausbauen und verbessern und damit wesentlich zur Existenzsicherung Berlins beitragen. Wer die heutige Lage Westberlins mit den Berlinkrisen des Kalten Krieges vergleicht, dem wird bewußt, was geleistet wurde.

Grundlage der Lebensfähigkeit Westberlins sind die Bindungen an die Bundesrepublik. Es ist eines der Prioritätsziele der Freien Demokraten, alles zu tun, um diese Bindungen, wie es im Viermächte-Abkommen über Berlin heißt, »aufrechtzuerhalten und zu entwickeln«. Berlin ist für uns der Prüfstein der Entspannung; ich habe daran in meinen Gesprächen mit östlichen Politikern und meinen Erklärungen vor internationalen Gremien niemals den geringsten Zweifel gelassen.

Im Rahmen der Entspannung hat die sozial-liberale Koalition 1969 auch die Aussöhnung mit *Polen* eingeleitet und damit eine Aufgabe in Angriff genommen, die in ihrem historischen Rang vergleichbar ist mit der deutsch-französischen Versöhnung.

Die neuen Vereinbarungen mit Polen von 1975 haben noch verbliebene Hindernisse weggeräumt; der Weg zu guter Nachbarschaft und wachsender Zusammenarbeit ist damit offen. 125 000 Deutschen in Polen ist die Ausreise ermöglicht – man ermesse, wieviele einzelne Schicksale damit zusammenhängen.

Fassen wir das bisherige Ergebnis, das die fünf Jahre Entspannungspolitik für Europa brachten, zusammen:

Die Entspannungspolitik hat zwischen den Staaten

West- und Osteuropas und zwischen den beiden deutschen Staaten einen modus vivendi geschaffen. Dieser geht aus vom Status quo der Teilung Deutschlands und Europas, aber er schreibt diese Teilung nicht fest, er legitimiert sie nicht. Er hält vielmehr die Möglichkeit eines friedlichen Wandels unter geänderten Verhältnissen offen. Eine Bestimmung in Prinzip I der Schlußakte der KSZE, die auf unser Betreiben aufgenommen wurde, bestätigt ausdrücklich die Möglichkeit, »Grenzen durch friedliche Mittel und durch Vereinbarung zu verändern«.

Ziel unserer Politik bleibt es, in Europa auf einen Zustand des Friedens hinzuwirken, in dem das deutsche Volk in freier Selbstbestimmung seine Einheit wiedererlangt. Ich habe darauf in aller Form vor dem Forum der Vereinten Nationen sowohl in der Generalversammlung von 1974 wie in der von 1975 hingewiesen. Der eben zitierte Passus aus der Schlußakte der KSZE macht deutlich, daß diese Politik in keinem Widerspruch zur Entspannungspolitik steht.

Der modus vivendi zwischen Ost und West macht ferner die Teilung Deutschlands und Europas für die Menschen erträglicher. Auf der KSZE hat der Ostblock anerkannt, daß Entspannung nicht nur die Beziehung zwischen den Regierungen betrifft, sondern auch den Völkern und den einzelnen Menschen konkrete Erleichterung bringen muß. Mit unserer Forderung nach Verwirklichung der Menschenrechte, nach Familienzusammenführung, nach vermehrten Reisemöglichkeiten in beide Richtungen usw. können wir uns jetzt auf die Ergebnisse der KSZE berufen. Und berufen auf diese Ergebnisse können sich auch die Menschen im Osten selbst gegenüber ihren eigenen Regierungen. Gewiß, Worte und Wirklichkeit sind noch weit voneinander entfernt, Fortschritte lassen sich nur allmählich erhoffen – dennoch, man unterschätze den Druck nicht, der von den KSZE-Bestimmungen auf die östlichen Regierungen ausgeht und den ein beharrliches westliches Verweisen auf diese Bestimmungen ausüben kann. Ein Treffen hoher Beamter wird 1977 in Belgrad Bilanz über das Erreichte ziehen.

Gefahrenzonen für die Entspannung

Nach Schaffung eines modus vivendi gehen die Gefahren für Entspannung und Frieden heute nicht mehr von Mitteleuropa aus, sondern von den instabilen Regionen und ungelösten Konflikten in der Dritten Welt und an den Südflanken Europas. Hier seien stichwortartig nur die Konfliktherde im Mittelmeerraum und in Afrika genannt, die auf unsere eigene militärische und wirtschaftliche Sicherheit die unmittelbarste Auswirkung haben, so:

- der arabisch-israelische Konflikt im *Nahen Osten*,
- der Rassenkonflikt in Rhodesien, Südwestafrika und Südafrika, der durch die sowjetisch-kubanische Intervention in Angola in ein akutes Stadium getreten ist und die Stabilität des gesamten südlichen Afrikas bedroht,
- der marokkanisch-algerische Konflikt über die West-Sahara, nachdem Spanien in diesem für die Weltversorgung mit Rohphosphat entscheidenden Gebiet seine Kolonialherrschaft aufgegeben hat,
- der drohende Konflikt zwischen Äthiopien und Somalia über *Djibouti*, wenn dieses von Frankreich in die Unabhängigkeit entlassen wird (Djibouti kontrolliert den strategisch wichtigen Eingang zum Roten Meer und damit die Zufahrt sowohl zum Suez-Kanal wie zu dem israelischen Hafen Eilat),
- der Zypern-Konflikt und der griechisch-türkische Streit über die Ägäis.

So viele Konfliktherde, so viele Herausforderungen an die westliche Politik!

Breschnew hat auf dem 25. Parteitag in aller Offenheit gesagt, Entspannung hindere die Sowjetunion nicht daran, revolutionäre »Befreiungskämpfe« in aller Welt solidarisch zu unterstützen.

Angola zeigt, was dies in der Praxis heißen kann! Die Sowjetunion hat hier – zum ersten Mal – in einer weit entfernten Region der Welt militärisch eingegriffen: Mit dem Transport von 12 000 kubanischen Kampftruppen nach Angola, mit einer großen Zahl eigener »Berater«, mit der Lieferung modernsten Kriegsmaterials im Wert von über 500 Millionen DM. Die Ereignisse in Angola sind eine Belastung der weltweiten Entspannungspolitik. Sie sind aber zugleich ein Lehrbeispiel, warum die Entspannungspolitik hier versagte: Die sowjetische Intervention nahm konfliktentscheidendes Ausmaß an, als der amerikanische Kongreß der Exekutive jegliche Möglichkeit zur Reaktion genommen hatte, und das heißt mit anderen Worten, nachdem er die sowjetische Intervention als risikolos erklärt hatte.

Wer die Politik des Kräftegleichgewichts behindert, der belastet auch die Entspannung – das lehrt Angola.

II

Kooperation mit der Dritten Welt

Sind die Gefahren, die der Ost-West-Gegensatz für das Überleben unserer freiheitlichen Demokratie bringt, vor allem politisch-militärischer Natur, so liegen die Gefahren des Nord-Süd-Gegensatzes in erster Linie auf wirtschaftlichem Gebiet: Industrie- und Entwicklungsländer sind wirtschaftlich eng miteinander verflochten. Die Entwicklungsländer sind abhängig von Technologie, Kapital, Getreide und nicht zuletzt von den Absatzmärkten der Industrieländer. Umgekehrt sind jedoch auch die Industrieländer auf die Dritte Welt angewiesen. Dies gilt für die Versorgung mit Öl und anderen wichtigen Rohstoffen, dies gilt in zunehmendem Maße aber auch in Hinsicht auf die Absatzmöglichkeiten, die die Märkte der Dritten Welt für die Industrieländer bieten. Mit anderen Worten also: Das wirtschaftliche Wachstum des Westens und gerade auch das Wachstum *unserer eigenen* Volkswirtschaft, die in so hohem Maße in die Weltwirtschaft integriert ist, hängt heute wesentlich auch davon ab, daß die kooperative Beziehung zwischen Industrie- und Entwicklungsländern erhalten bleibt, und d. h., daß es gelingt, die gegenwärtige Auseinandersetzung um die Ordnung der Weltwirtschaft in konstruktive Bahnen zu lenken.

Es ist dies ein Zusammenhang, der unserer Öffentlichkeit noch wenig bewußt scheint, und ich kann deshalb nicht stark genug betonen: Bei der Nord-Süd-Diskussion um die Neuordnung der Weltwirtschaft geht es nicht um eine Art neuen Entwicklungshilfedialog; hier geht es vielmehr um eine Frage, die die Zukunft auch unserer eigenen Volkswirtschaft beeinflußt und damit auch die Zukunft unseres demokratischen Staates. Denn wir wissen aus eigener schmerzlicher Erfahrung, welche Gefahren wirtschaftliche Stagnation und Instabilität für die Demokratie heraufbeschwören.

Worum geht es bei der gegenwärtigen Diskussion um die Weltwirtschaftsordnung?

Die Weltwirtschaft hat in den 25 Jahren bis zur Krise von 1974/75 ein in der Geschichte beispielloses Wachstum erlebt. An diesem Wachstum jedoch haben viele Entwicklungsländer nur unterproportional teilgenommen; zudem ließ die Bevölkerungsexplosion hier für die

Steigerung des Pro-Kopf-Einkommens, und d. h. des Wohlstandes, oft nur den geringeren Teil des Zuwachses übrig. Die Folge war: Der Abstand zu den reichen Ländern verminderte sich für die Mehrzahl der Entwicklungsländer nicht nur nicht, sondern er wurde im Gegenteil ständig größer. Während 1960 das Pro-Kopf-Einkommen der Industrieländer mit 1490 Dollar rund 11mal so hoch war wie das der Entwicklungsländer, war es 1972 mit 3670 Dollar 13mal so hoch.

Die Weltwirtschaftsordnung hat bis jetzt die Erwartungen, die die Entwicklungsländer in sie setzten, und mit Recht in sie setzten, nicht erfüllt. Die vertikale Arbeitsteilung, die in der Kolonialzeit geschaffen wurde, blieb bis heute im wesentlichen unverändert. Weiterhin sind die meisten Entwicklungsländer vornehmlich Rohstofflieferanten. Die Ausfuhr von Fertigwaren andererseits – und damit der dynamische Teil des Welthandels – ist dagegen nach wie vor die Domäne der Industrieländer. Diese unveränderte Struktur erklärt, warum der Anteil der Entwicklungsländer am Welthandel kontinuierlich zurückging. Seit Ende der 60er Jahre begann zudem die Finanzhilfe der westlichen Länder in ihrem realen Wert zu stagnieren. Devisenmangel und die dadurch erzwungene Einschränkung essentieller Einfuhren wurden so immer stärker zu einer Bremse des Wachstums.

Es ist unmittelbar einsichtig: Eine Weltwirtschaftsordnung und – ich füge hinzu – eine Weltfriedensordnung, deren Teilnehmer sich in Richtung auf immer größere Ungleichheit auseinanderentwickeln, kann nicht stabil bleiben. Dieser Auseinanderentwicklung muß daher Einhalt geboten werden, und sie muß in Richtung auf ein stetiges Aufholen der Dritten Welt umgekehrt werden. Diese Überwindung der Kluft zwischen reichen und armen Ländern ist die große Aufgabe unserer Zeit, an der künftige Historiker uns messen werden.

Ob wir die Aufgabe lösen, wird letztlich davon abhängen, ob die Entwicklungsländer selbst alle Anstrengungen unternehmen, ihre Produktivkräfte zu mobilisieren und sie effizient einzusetzen. Aber die Industrieländer können und müssen Hilfe auf allen Gebieten leisten. Dazu gehört auch, daß sie gemeinsam mit der Dritten Welt das Weltwirtschaftssystem so gestalten, daß es dem Streben nach beschleunigter Entwicklung möglichst förderlich ist.

Unser Ziel ist daher eine gerechte und ausgewogene Weltwirtschaftsordnung, die die Entwicklungsländer voll in die internationale Wirtschaft integriert und die von ihnen aus eigener Überzeugung mitgetragen wird. Wir stimmen daher mit dem Ziel, das die Dritte Welt mit ihrer Forderung nach einer »neuen Weltwirtschaftsordnung« verfolgt, überein. Worüber die Ansichten auseinandergehen, ist die Frage, *wie* dieses Ziel zu erreichen sei.

Die Entwicklungsländer selbst sehen das Heil in einem Bündel vorwiegend dirigistischer Maßnahmen. Die Bundesrepublik Deutschland und andere westliche Länder sind dagegen überzeugt, daß weltweiter Dirigismus und weltweite Bürokratie die Probleme nicht lösen, sondern verschlimmern würden. Man bedenke: Die Weltwirtschaftsordnung hat die Aufgabe, die Arbeitsteilung zwischen über 150 Staaten zu koordinieren – souveränen Staaten mit unterschiedlichen Wirtschaftssystemen im Innern. Wie sollte diese Aufgabe je dirigistisch und durch Anordnungen einer internationalen Mammutbürokratie gelöst werden? Der Versuch, das marktwirtschaftliche Lenkungsprinzip durch Dirigismus zu ersetzen, könnte nur in Lähmung der Weltwirtschaft und in Ressourcenverschwendung enden – in einem Ergebnis also, das am härtesten die Entwicklungsländer selbst treffen würde.

Der erfolgversprechende Weg ist deshalb nicht die Zerstörung der marktwirtschaftlichen Ordnung durch die Einfügung systemfremder Elemente, sondern die Reform dieser Ordnung mit *marktkonformen* Mitteln. Es gilt, die Effizienz des Marktes zu erhalten, aber sie mit wirksamer Hilfe für die Schwachen zu verbinden, und das heißt, die Stellung der Entwicklungsländer auf den Weltmärkten zu stärken. Es ist dies eine Aufgabe, die analog zu der Aufgabe ist, die die Bundesrepublik Deutschland im Inneren durch die soziale Marktwirtschaft erfüllt hat.

In diesem Sinne habe ich auf der 7. Sondergeneralversammlung der Vereinten Nationen im September 1975 ein geschlossenes Programm marktkonformer Reformen zugunsten der Entwicklungsländer vorgeschlagen. Ich hebe aus diesem Programm nur einen Punkt, der mir am wichtigsten erscheint, hervor:

Die Dritte Welt selbst stellt die *Rohstoffrage* in den Mittelpunkt, und ich habe in New York die Bereitschaft der Bundesregierung erklärt, gemeinsam mit den Entwicklungsländern nach Maßnahmen zu suchen, die die Erlöse aus den Rohstoffexporten stabilisieren und die starken Preisschwankungen, wie sie für die Rohstoffmärkte typisch sind, dämpfen. Aber wir müssen uns dabei über eines klar sein: Öl ist die Ausnahme. Für die meisten anderen Rohstoffe der Dritten Welt dürften sich, welche Methoden auch immer wir anwenden, keine so erheblichen Verbesserungen der Exporterlöse erreichen lassen, daß sie für die wirtschaftliche Entwicklung wirklich einen Wendepunkt bringen könnten.

Wichtiger und auf die längere Sicht entscheidend sind deshalb Maßnahmen, die die kontinuierliche Ausweitung der *Industriegüter*ausfuhren der Entwicklungsländer zum Ziel haben. Denn hier ist der dynamische Sektor des Welthandels, und hier also ist eine *fortlaufende* Steigerung der Deviseneinnahmen der Dritten Welt möglich. Die Entwicklungsländer haben für eine Vielzahl von Verarbeitungsprodukten durchaus potentielle Wettbewerbsvorteile – sei es, daß sie am Ort gewonnene Rohstoffe kostengünstig weiterverarbeiten können, sei es, daß sie ein reiches Potential von Arbeitskräften für die Herstellung arbeitsintensiver Güter einsetzen können. Diese Vorteile gilt es voll zu nutzen.

Eine solche Entwicklungsstrategie setzt voraus, daß die Industrieländer ihre Märkte für diese neuen Produktionen der Entwicklungsländer öffnen. Ich habe mich daher auf der 7. Sondergeneralversammlung der Vereinten Nationen dafür eingesetzt,

- die Zollpräferenzen für die Entwicklungsländer weiter zu verbessern,
- den effektiv hohen Zollschutz gegenüber Importen von Halbwaren und Fertigwaren abzubauen,
- die Entwicklungsländer gleichzeitig durch Technologietransfer und industrielle Kooperation wirksam beim Aufbau einer wettbewerbsfähigen Exportindustrie zu unterstützen.

Wenn ich hier die Öffnung der Märkte der Industrieländer für die Verarbeitungsprodukte der Entwicklungsländer fordere, so meine ich damit auch die Industrieländer des Ostens. Und hier scheint in der Tat die Öffnung der Märkte besonders dringlich. Denn während die marktwirtschaftlichen Länder des Westens 75 Prozent der Exporte der Dritten Welt aufnehmen, nehmen die sozialistischen Staatshandelsländer nur fünf Prozent auf.

Öffnung unserer Märkte für die Verarbeitungsprodukte der Dritten Welt setzt voraus, daß wir auch unsererseits zum Strukturwandel bereit sind. Dieser Strukturwandel ist jedoch bei allen Übergangsschwierigkeiten, die mit ihm verbunden sind, letztlich auch in unserem eigenen Interesse. Denn nur wenn wir unsere Produktionsstruktur kontinuierlich an das hohe und steigende Lohnniveau anpassen, das wir als reifes Industrieland haben, nur dann können wir ein befriedigendes Wachstum und einen befriedigenden Beschäftigungsgrad sichern. Und weiter: Die exportabhängige Bundesrepublik Deutschland hat ein vitales Interesse, das liberale Weltwirtschaftssystem zu erhalten. Wir können dies jedoch nur, wenn wir selbst ernst mit dieser liberalen Ordnung machen. Auch wir brauchen die Märkte der Entwicklungsländer für unsere Exporte, und von ihnen könnten in Zukunft einige der stärksten Wachstumsimpulse für unsere Volkswirtschaft ausgehen. Die Dritte Welt aber kann bei uns nur kaufen, wenn sie ihrerseits an uns verkaufen kann.

Nicht so sehr auf der Grundlage der bestehenden Welthandelsstruktur, in der die Entwicklungsländer vor allem Rohstofflieferanten sind, sondern durch Änderung dieser Struktur in Richtung auf eine stärkere horizontale Arbeitsteilung läßt sich die Entwicklung der Dritten Welt wirksam beschleunigen. Nur so kann auch eine Weltwirtschaft entstehen, die den Entwicklungsländern das Gefühl der Gleichberechtigung und Chancengleichheit gibt.

III

Die Schicksalsgemeinschaft der westlichen Demokratien

Gewährleistung der militärischen und politischen Sicherheit durch Gleichgewichts- und Entspannungspolitik nach Osten, Gewährleistung der wirtschaftlichen Sicherheit durch gerechten Interessenausgleich mit dem Süden, und beides wiederum als Voraussetzung für die Sicherung der freiheitlichen demokratischen Ordnung – diese großen Aufgaben kann keine der westlichen Demokratien auf sich allein gestellt lösen. Dies gilt selbst für die Vereinigten Staaten, und es gilt in noch weit höherem

Grade für die Bundesrepublik Deutschland, die – an der Nahtstelle von Ost und West liegend – das militärisch exponierteste westliche Land ist und die durch ihre hohe Außenhandelsabhängigkeit in besonderem Maße auf eine offene, stabile Weltwirtschaft angewiesen ist. Europäische Gemeinschaft und Atlantisches Bündnis sind damit die Fundamente unserer Außenpolitik; sie stark zu erhalten und auszubauen sind Ziele mit hoher Priorität.

Die Einigung Europas

Die europäische Einigung ist geschichtliche Notwendigkeit, und als solche haben sie die Liberalen Europas, als nach der Katastrophe des 2. Weltkrieges der Wiederaufbau begann, von Anfang an gesehen. Während einflußreiche Teile der europäischen Konservativen ebenso wie der Sozialisten nationalstaatlichem Denken selbst heute noch verhaftet bleiben, sind die Liberalen in ihrer Gesamtheit Träger einer fortschrittlichen und das heißt europäischen Politik. Ich erinnere hier nur an die Rolle der britischen Liberalen. Ihr geschlossenes Eintreten für Europa gab bei der Abstimmung im Parlament den Ausschlag für den britischen Beitritt, und die Millionen ihrer Wähler trugen beim Referendum entscheidend dazu bei, daß das Ja des britischen Volkes so überzeugend ausfiel.

Wieder einmal erweisen sich die Liberalen damit als die treibende Kraft der Geschichte: So haben sie im 18. und 19. Jahrhundert den freiheitlich-demokratischen Nationalstaat geschaffen, so wollen sie heute das freiheitlich-demokratische Europa schaffen.

Als erste unter den politischen Gruppierungen haben sich die liberalen Parteien der Europäischen Gemeinschaft im März 1976 in Stuttgart zu einer Föderation zusammengeschlossen, die mit gemeinsamer Zielsetzung in den Wahlkampf für Europas erstes demokratisch gewähltes Parlament gehen wird. Daß der Gründungskongreß bei uns in der Bundesrepublik Deutschland stattfand, erfüllt die deutschen Liberalen mit Stolz; sie sehen es als Anerkennung ihrer aktiven Rolle innerhalb der liberalen Parteien Europas.

Die Liberalen haben eine klare Vorstellung von dem Europa, das sie wollen:

Dieses Europa ist für sie *zuerst ein Europa der Bürger,* und das heißt ein demokratisch verfaßtes Europa. Ein solches Europa ist nicht nur Mittel, um zu überleben; es trägt vielmehr, noch vor aller wirtschaftlichen und politischen Nützlichkeit und Notwendigkeit, seinen Wert und Sinn in sich selbst – als Gemeinschaft, die die große Idee von der Freiheit und Würde des einzelnen Menschen in der Geschichte verwirklicht.

Mit der Direktwahl zum Europäischen Parlament, von der wir immer noch hoffen, daß sie termingerecht 1978 abgehalten wird, werden wir einen wesentlichen Schritt in Richtung auf dieses Europa der Bürger tun. Die Liberalen werden darauf drängen, daß dem Europäischen Parlament über die Haushaltsbefugnis hinaus eine immer größere Mitwirkung bei der Gesetzgebung eingeräumt wird. Sie sind überzeugt, daß Europa um so einiger sein wird, je demokratischer es verfaßt ist. Heute schreitet die Einigung Europas auf dem Weg der Zusammenarbeit zwischen den Regierungen voran. Diese aber sind national gewählt. Kein Wunder also, daß sie oft gezwungen sind, Partikularinteressen in den Vordergrund zu rücken. Ein europäisch gewähltes Parlament wird es demgegenüber sehr viel leichter haben, das Gemeinschaftsinteresse voranzustellen.

Das Europa, das die Liberalen wollen, ist *zweitens ein föderales Europa,* ein Europa, das die Vielfalt und den Reichtum seiner Lebensformen voll bewahrt. Liberale sind auch als Europäer Individualisten, nicht Konformisten. Das Bekenntnis zu einem europäischen Föderalismus ist darüber hinaus für sie zugleich ein Bekenntnis zur Gleichrangigkeit aller Mitgliedstaaten der Gemeinschaft und damit eine Absage an ein »abgestuftes« Europa oder ein Europa unter einem Direktorium der Großen.

Das Europa der Liberalen ist *drittens ein Europa der Solidarität.* Die Liberalen wissen, daß eine Gemeinschaft, durch die ein Gegensatz zwischen reichen und armen Ländern und Regionen hindurchgeht, keine Gemeinschaft auf Dauer sein kann. Sie fordern deshalb, durch eine gezielte und effiziente Strukturpolitik die materiellen Lebensbedingungen in Europa einander mehr und mehr anzugleichen.

Die Bundesrepublik Deutschland wird als eines der reichsten und stärksten Länder der Europäischen Gemeinschaft zu diesem Ausgleich einen wesentlichen Beitrag leisten müssen. Die deutschen Liberalen sind bereit, die dafür nötigen Opfer zu bringen. Sie sind dies aus europäischer Solidarität, sie sind dies aber auch aus wohlverstandenem Eigeninteresse. Sie sind sich klar darüber, daß die Bundesrepublik Deutschland in einem Europa, das über weite Teile hin von Rezession, Inflation und sozialen Unruhen erschüttert würde, keine Insel der Stabilität und des Wohlstandes bleiben könnte; sie sind sich ebenfalls klar darüber, daß umgekehrt nichts unsere eigene Prosperität mehr fördert als ein stabiles, prosperierendes Europa.

Demokratie, Föderalismus, Solidarität – in diesem Geist muß die Europäische Gemeinschaft die vor ihr liegenden Aufgaben angehen und lösen. Der belgische Ministerpräsident Tindemans hat zum Jahresende 1975 einen Bericht über »Die Europäische Union« vorgelegt. Die Liberalen werden die damit eingeleitete große Europa-Debatte mit aller Entschlossenheit nutzen, um Europa voranzubringen. Sie wollen, daß Europa vorwärtsschreitet in Richtung auf

- eine *gemeinsame Wirtschafts- und Währungspolitik*, um die Ziele, Wachstum, Vollbeschäftigung und Preisstabilität mit vereinter Kraft zu erreichen;
- eine *gemeinsame Sozialpolitik*, um eine Gemeinschaft zu schaffen, in der soziale Sicherheit und die Mitbestimmung und Mitverantwortung des Einzelnen zu einem organischen Ganzen verbunden sind;
- eine *gemeinsame Außen- und Sicherheitspolitik*, um in einer Welt der kontinentalen Mächte USA, UdSSR, China und der großen Blöcke Öllländer und Entwicklungsländer die Interessen der europäischen Staaten wirksam zur Geltung zu bringen.

Ich gehe in diesem Zusammenhang nur auf die dritte der genannten Zielsetzungen näher ein:

Die Neun haben seit 1970 und insbesondere in den beiden letzten Jahren große Fortschritte in der Koordinierung ihrer Außenpolitik gemacht. In der Tat, die »Europäische Politische Zusammenarbeit« war der am dynamischsten wachsende Bereich der Neuner-Gemeinschaft. Um nur einige markante Beispiele zu nennen:

- die Neun traten in den KSZE-Verhandlungen dem Osten als einheitliche Kraft gegenüber;
- sie sprachen auf der 7. Sondergeneralversammlung der Vereinten Nationen mit *einer* Stimme gegenüber der Dritten Welt, und sie verhandeln auch jetzt im Pariser Nord-Süd-Dialog als Gemeinschaft;
- sie schufen in dem Abkommen von Lomé mit 46 afrikanischen, karibischen und pazifischen Staaten ein zukunftweisendes Modell gleichberechtigter Kooperation zwischen Industrie- und Entwicklungsländern;

- sie einigten sich auf eine ausgewogene Grundsatzerklärung zum Nahost-Konflikt und verhandeln im euro-arabischen Dialog gemeinsam über eine umfassende Zusammenarbeit mit den arabischen Staaten;
- sie legten mit der Luxemburger Erklärung vom 23. Februar 1976 eine Grundlage für eine gemeinsame Politik gegenüber akut gewordenen Problemen des südlichen Afrikas und machten sich angesichts der sowjetisch-kubanischen Intervention in Angola zum Anwalt eines unabhängigen Afrikas.

Diese Beispiele lassen die Grundzüge europäischer Außenpolitik erkennen. Ihre Schwerpunkte liegen im Mittelmeerraum und in Schwarz-Afrika. Ihre Ziele sind, die wirtschaftliche und soziale Stabilität in diesen Nachbarregionen zu erhalten und zu stärken, wie die Konflikte in diesem Raum zu entschärfen und auf ihren friedlichen Ausgleich hinzuwirken. Sie kann dadurch einen wesentlichen Beitrag auch dazu leisten, daß die Staaten dieser Regionen gegenüber dem sowjetischen Streben nach Einflußzonen in die Lage versetzt werden, ihre äußere Unabhängigkeit und die Eigenständigkeit ihrer inneren Ordnungen zu bewahren.

Ganz besondere Aufmerksamkeit richten die Neun im Mittelmeerraum naturgemäß auf die Länder an der Südflanke Europas. Diese Länder sind zur Zeit in einem schwierigen Übergangsprozeß begriffen: Griechenland ist zur Demokratie zurückgekehrt, Portugal und – wie wir hoffen – Spanien sind auf dem Weg zur Demokratie. Den Neun ist in diesem Zusammenhang die neue, wichtige Aufgabe zugewachsen, diesen Ländern wirksam zu helfen, ihre wirtschaftliche und soziale Stabilität in der Übergangszeit zu bewahren.

Europäische Solidarität macht nicht an den Grenzen der Neun Halt; sie gilt allen demokratischen Staaten

Europas. Und das heißt auch: Der Beitritt zur Europäischen Gemeinschaft muß allen europäischen Staaten offen stehen, die sich zu den freiheitlichen Wertvorstellungen dieser Gemeinschaft bekennen. Die Liberalen haben deshalb zum Beitrittsantrag Griechenlands ein entschiedenes Ja gesagt.

Stärkung des Bündnisses

Die notwendige Ergänzung zur europäischen Einigung ist das Atlantische Bündnis. Unter dem Schutz des Bündnisses wurde Europa nach dem Kriege wieder aufgebaut, nur unter seinem Schutz wird es sich weiterentwickeln können.

Die Überzeugung von der unauflösbaren Verbundenheit des freien Europas mit Nordamerika ist die Kernüberzeugung liberaler Außen- und Sicherheitspolitik, und sie muß in der Tat die Kernüberzeugung jeder realistischen europäischen Politik sein.

Dies bedeutet nicht, daß die Interessen Europas und die Interessen der Vereinigten Staaten in allem und jedem identisch sind. Europa hat aufgrund seiner geographischen Lage, seiner Energie- und Rohstoffarmut, seiner geschichtlichen Beziehungen zur Dritten Welt durchaus Sonderinteressen, die von denen der USA abweichen. Aber im ganzen gesehen wiegen diese Interessenunterschiede gering im Vergleich zu dem überwältigenden gemeinsamen Interesse, die freiheitlich-demokratische Ordnung in unseren Ländern zu sichern und eine Welt zu erhalten und zu schaffen, in der diese Lebensordnung gedeihen kann. Jeder Versuch, diese Interessenunterschiede zu benutzen, um an ihnen die »europäische Identität« zu definieren, ist ein gefährlicher Irrweg. Ich stelle mit großer Beruhigung fest, daß die Neigung, dies zu tun, in den letzten Jahren sehr zurückgegangen ist. Wer sich der Illusion eines Europas als »dritte Kraft« zwischen den Supermächten in Ost und West hingibt, übersieht zwei entscheidende Gegebenheiten: Er übersieht, daß das Verhältnis Europäische Gemeinschaft–UdSSR wesensverschieden von dem Verhältnis Europäische Gemeinschaft–USA ist; während die Beziehungen zu den USA durch die Einheit der Wertvorstellungen von Freiheit und Menschenrechten gekennzeichnet sind, ist das Verhältnis zur UdSSR gerade durch den Gegensatz dieser Wertvorstellungen bestimmt. Und er übersieht zweitens, daß Europa, selbst wenn es seine militärischen Ressourcen zusammenlegte, kein Gegengewicht gegen die erdrückende Militärmacht der UdSSR bilden könnte. Es bleibt vielmehr auf die USA und die Präsenz amerikanischer Truppen angewiesen, um die militärische Balance zu halten und damit auch seine politische Entscheidungsfreiheit zu sichern.

Daran wird sich für jegliche absehbare Zukunft nichts ändern. Das Bündnis bleibt die Voraussetzung für die Sicherheit Europas. In diesem Bündnis aber muß das werdende Europa seinen Ehrgeiz dareinsetzen, durch Einigkeit und eigene Stärke nicht nur gleichberechtigt zu sein, sondern gleichgewichtig zu werden. Ein starkes Europa, das aktive Mitverantwortung für den Schutz der freiheitlichen Demokratien in der Welt und für den Schutz der liberalen Weltordnung übernimmt, ist ganz im Sinne auch der Vereinigten Staaten, die – wie Angola demonstrierte – nicht mehr allein für Interessen einstehen wollen, die in gleicher Weise die Interessen der Europäer sind. Je stärker also Europa, desto gefestigter wird der Zusammenhalt des Bündnisses sein. Die Stärkung Europas und die Stärkung des Bündnisses ergänzen sich so nicht nur, sondern bedingen sich gegenseitig.

Stärkung der inneren Stabilität der westlichen Demokratien

Außenpolitik ist nicht abtrennbar von Innenpolitik; denn es ist das Feld der Innenpolitik, auf dem die Entscheidung über die außenpolitische Stärke eines Landes fällt. Die westlichen Demokratien stehen wirtschaftlich und technologisch mit weitem Abstand an der Spitze in der Welt. Nicht minder überlegen an Ausstrahlungskraft sind die westlichen Ideale von Freiheit und Menschenwürde.

Ideell wie materiall haben die westlichen Demokratien also zweifellos die Kraft, die großen Herausforderungen unserer Zeit erfolgreich zu bestehen. Aber sie müssen diese Kräfte mobilisieren. Die letztlich entscheidende Aufgabe liegt damit im Inneren. Es gilt die wirtschaftliche und soziale Stabilität in unseren Ländern zu erhalten und damit die Grundlage für eine funktionierende, handlungsfähige Demokratie zu bewahren.

Voraussetzung dafür ist, daß wir den sich ständig beschleunigenden strukturellen Wandel in unserer modernen Welt bewältigen. Dies aber ist eine Aufgabe, die weder die Konservativen mit ihrem Ruf nach einem Zurück noch die Sozialisten mit ihrem Traum von einer utopischen Zukunft erfüllen können. Diese Aufgabe kann vielmehr nur eine Politik lösen, die fortschrittlich und realistisch zugleich ist.

Was wir brauchen, ist eine Politik, die aufgeschlossen ist für neue Entwicklungen, für Wandel, die sich aber auch den Blick für das Mögliche bewahrt. Eine Politik ferner, die sich bewußt ist, daß die Leistungsfähigkeit unserer Demokratie nur aufrechterhalten werden kann, wenn wir die Entfaltungsmöglichkeit, den Leistungswillen und das Verantwortungsbewußtsein des Einzelnen nicht durch Bürokratie, Gleichmacherei und anonymen Kollektivismus ersticken. Was wir brauchen, ist – mit einem Wort – eine *liberale* Politik.

Interessenausgleich und Kooperation mit der Dritten Welt

Rede beim Liebesmahl
des Ostasiatischen Vereins in Hamburg
am 7. März 1975

I

Die Krise der Weltwirtschaft – eine Gefahr für die Demokratie

Der Zusammenschluß der Ostasien-Kaufleute im Ostasiatischen Verein ist so alt wie das Jahrhundert – das könnte uns veranlassen, mit wenigen Strichen die damalige Situation der Welt nachzuzeichnen, um sich, verglichen mit heute, des Maßes des Wandels voll bewußt zu werden:

Das Deutsche Reich, damals im eigenen Bewußtsein, vor dem Griff nach der Weltmacht; das weltpolitische Zentrum lag, wenn auch nur noch für kurze Zeit, bei den alten Mächten in Europa; die alte Weltordnung schien noch zu funktionieren, aber in Wahrheit waren ihre Grundlagen bereits zerbrochen. Und es zeigten sich damals schon neue geistige, gesellschaftliche und politische Kräfte, die das Gesicht der Welt von heute bestimmen.

Unsere Zeit: eine Zeit atemberaubenden Wandels

Doch müssen wir nicht 75 oder 50 Jahre zurückgehen, um Beispiele für grundlegende und in ihrem Ablauf atemberaubende Wandlungen zu finden. Wir selbst stehen mitten in einer solchen Entwicklung.

Ich meine den Eintritt der Dritten Welt als neuer Machtfaktor in die Weltpolitik und das Drängen der Dritten Welt auf eine neue Weltwirtschaftsordnung. Damit wähle ich für diese Rede ein Thema, das auch die Handelskammer Hamburg in ihrem Bericht 1974 zum Thema des Jahres gemacht hat.

Alarmsignale in Europa

Für uns geht es bei dem Bemühen um eine Bewältigung der weltwirtschaftlichen wie der binnenwirtschaftlichen Probleme nicht nur um die Lösung ökonomischer Fragen, für uns geht es dabei um die zentrale Frage, ob es uns gelingt, diesen Bestand unserer demokratischen Strukturen zu erhalten. Unser Volk weiß aus schmerzlicher Erfahrung, welche Gefahren wirtschaftliche Instabilität für den demokratischen Staat heraufbeschwören kann.

Es gibt Alarmsignale in Europa, die wir nicht übersehen dürfen. Sie zeigen an, daß wirtschaftliche Krisenerscheinungen auch scheinbar feste demokratische Strukturen beeinträchtigen können. Das verpflichtet uns zu solidarischem Handeln. Wenn wir also Beiträge zur wirtschaftlichen Stabilisierung unserer Partner leisten, so leisten wir damit auch einen Beitrag zur Erhaltung eines demokratischen Europas.

Realistische Erwartungen: Voraussetzung für die Lösung der Probleme

Aber diese Bemühungen können nur erfolgreich sein unter der Voraussetzung, daß sich schnell die klare Erkenntnis von den Grenzen des wirtschaftlich Möglichen durchsetzt.

Hier liegt in der gegenwärtigen Situation die besondere Aufgabe der politisch Verantwortlichen. Eine Verantwortung, die darin besteht, nicht mit Versprechungen für morgen über die Probleme von heute hinwegzutäuschen, sondern auf eben diese Grenzen des Möglichen hinzuweisen, und die unveränderte Grundwahrheit auszusprechen, daß es ohne Leistung keinen Fortschritt gibt.

Von außen gesetzte Rahmenbedingungen unserer Volkswirtschaft

Für eine realistische Einschätzung, ob Erwartungen erfüllbar sind oder nicht, ist es auch notwendig, den Bürgern jene Grenzen bewußtzumachen, die unserer Volkswirtschaft durch äußere Bedingungen gezogen sind. Und hier wirkt sich unsere auswärtige Politik in einem bisher nicht gekannten Maß auf das Alltagsleben jedes einzelnen Bürgers aus.

Wenn wir etwa 1974 auf Grund der Ölpreiserhöhung rund 2 Prozent unseres Volkseinkommens an die Ölländer transferieren mußten, so kann keine Regierung der Welt diese 2 Prozent in die Taschen ihrer Bürger zurückzaubern.

Wenn dann dieser Einkommenstransfer zusammenfällt mit einer Rezession in der gesamten westlichen Welt, so ist es zwar ein respektables Ergebnis, daß es uns im Gegensatz zu einigen anderen großen Industrieländern gelang, das Realeinkommen insgesamt zu halten und das der Arbeitnehmer sogar zu steigern, aber das Problem bleibt bestehen.

Die westlichen Demokratien sind heute darauf angewiesen, daß ihre Bürger sich auch solcher außenwirtschaftlicher Zusammenhänge bewußt sind. Denn nur so ist im Inneren wie im Äußeren eine angepaßte, und d. h. rationale Politik möglich, die aus den vorgegebenen Bedingungen das Beste macht.

II

Forderung der Dritten Welt nach einer neuen Weltwirtschaftsordnung

Wie stellt sich nun heute die wirtschaftliche Außenwelt für uns dar? Was hat sich verändert?

Das Bild der Lage in der Mitte der sechziger Jahre macht den Wandel deutlich: Das Weltwirtschaftssystem war damals im wesentlichen ein System der drei großen marktwirtschaftlichen Industrieregionen: USA – Westeuropa mit dem Kernbereich der Europäischen Wirtschaftsgemeinschaft – Japan.

Das Weltwirtschaftssystem der Nachkriegsepoche

Der Mittelpunkt des Systems waren die USA. Der Dollar, zu festen Paritäten in Gold und andere Währungen umtauschbar, schien die monetäre Stabilität zu garantieren. Den institutionellen Rahmen gaben die Statuten des Weltwährungsfonds und des GATT. Innerhalb dieses Rahmens regulierte sich das System durch das freie Spiel der Marktmechanismen selbst. Außerhalb des Systems stand der Ostblock.

Die Länder der Dritten Welt andererseits waren zwar zum großen Teil nicht selbst an der Schaffung des Systems beteiligt gewesen, fügten sich jedoch nichtsdestoweniger in die Spielregeln ein und standen wegen ihres noch unvollkommenen Entwicklungsstandes hauptsächlich als Rohstofflieferanten für die Industrienationen bereit.

Die westlichen Industrienationen wiederum suchten durch Kapitalhilfe und Technische Hilfe die Entwicklung der Dritten Welt zu beschleunigen.

Das System wurde getragen von dem Konsensus der Teilnehmer, daß es zugunsten aller wirke und dank seiner Effizienz allen Beteiligten die Erreichung des wirtschaftlichen Optimums ermögliche.

Als solches wurde für die westlichen Länder eine durchschnittliche Wachstumsrate von 4 Prozent angenommen. Für die Entwicklungsländer andererseits wurde ein jährliches Wachstumsziel von mindestens 6 Prozent angesetzt. Dieser Zuwachs lag über der westlichen Rate und würde so der Dritten Welt ein stetiges Aufholen ermöglichen.

Das Ausscheiden der Dritten Welt aus dem Konsensus

Wie sehr hat sich in den letzten Jahren die Situation gewandelt? Ich gehe hier nur auf die jüngste und einschneidenste Veränderung ein: das Ausscheiden der Dritten Welt aus dem Konsensus über die Weltwirtschaftsordnung.

Viele Führer der Dritten Welt sind heute davon überzeugt, daß die gegenwärtige Ordnung zuungunsten der Entwicklungsländer wirke. Manche von Ihnen vertreten die These, daß unter dieser Ordnung die Industrieländer die Entwicklungsländer sowohl im Handel wie im Bereich der Auslandsinvestitionen systematisch ausbeuten. Deshalb sei die gegenwärtige Weltwirtschaftsordnung ein Hindernis für die Entwicklung der Dritten Welt. Sie müsse durch eine neue Ordnung abgelöst werden.

Seit der 6. Sondergeneralversammlung der Vereinten Nationen liegt der Plan für eine Neuordnung auf dem Tisch. Im Zentrum stehen zwei Forderungen:

Die Forderung nach Rohstoffkartellen

Im Bereich des Welthandels sollen Erzeugerkartelle die Rohstoffpreise bestimmen. Dabei steht für viele nicht das alte Ziel der Preisstabilisierung im Vordergrund. Die Rohstoffpreise sollen vielmehr durch Verkäufermonopole festgesetzt werden. Sie sollen von dem Bezugspunkt der Produktionskosten gelöst werden. Es wird daran gedacht, als neuen Bezugspunkt die Substitutionskosten zu sehen, die die Industrieländer aufzubringen hätten, wollten sie die von der Dritten Welt eingeführten Rohstoffe ersetzen.

Als zweiter Bezugspunkt werden die Preise der Exportgüter der Industrieländer diskutiert; ein System der

Indexierung soll eine automatische Verknüpfung von Industriegüter- und Rohstoffpreisen bringen.

Auslandsinvestitionen sollen den Schutz des allgemeinen Völkerrechts verlieren

Im Bereich andererseits der Auslandsinvestitionen soll der Nutzen der Investitionen möglichst ausschließlich der Dritten Welt zugute kommen. Zu diesem Zweck streben die Entwicklungsländer den Aufbau eines weltweiten Kontrollsystems an.

Ein Teil der Dritten Welt geht auch hier noch weiter. Er will es zum Grundsatz erheben, im Bereich der Rohstoffgewinnung alle ausländischen Investitionen zu verstaatlichen.

Um dabei und überhaupt bei Eingriffen in ausländische Firmen freie Hand zu haben, will er das Prinzip durchsetzen, daß bei Streitfragen ausschließlich die innerstaatlichen Gesetze und Gerichte zuständig seien. Das soll insbesondere für die Entschädigungsfrage bei Enteignungen gelten. Mit anderen Worten also: Ausländischem Eigentum soll der Schutz des allgemeinen Völkerrechts entzogen werden.

Soweit die Kernforderungen für die neue Ordnung. Ich habe sie absichtlich hier in ihrer äußersten Zuspitzung dargestellt, um zu zeigen, zu welchen Konsequenzen sie führen können. Auch wenn die Dritte Welt ihnen überwiegend zuzustimmen scheint, wissen wir doch, daß viele Länder sie nur als eine verhandlungsfähige Maximalposition betrachten, von der aus man zu einem Kompromiß kommen möchte. Wie verhält sich die Bundesrepublik Deutschland dazu?

Reform – nicht Zerstörung

Das Leitprinzip unserer Politik ist: Kooperation, nicht Konfrontation. Denn wir wissen: in einer interdependenten Welt bedeutet Konfrontation schon per definitionem, daß alle Parteien verlieren.

Kooperation aber meint nicht Aufgabe unserer Prinzipien. Wir erkennen an, daß das Weltwirtschaftssystem der Reform bedarf; seine Zerstörung jedoch lehnen wir ab. Seine Grundprinzipien müssen in ihrem Kern erhalten bleiben.

Diese Ordnung hat in den vergangenen 25 Jahren nicht nur den Industrieländern einen unerhörten Aufschwung von Produktion und Handel gebracht. Sie hat vielmehr auch der Dritten Welt in der ersten Entwicklungsdekade 1960 bis 1970 eine jährliche Wachstumsrate von fast 6 Prozent ermöglicht. Diese Rate liegt deutlich über derjenigen der Industrieländer, und sie liegt weit über den Zuwachsraten, die die heute entwickelten Länder im 19. Jahrhundert erzielen konnten.

Dabei darf nicht verkannt werden, daß das Ziel, den wirtschaftlichen Abstand zwischen reichen und armen Ländern zu verringern, bisher nicht erreicht wurde. Der Aufholeffekt des schnelleren Wachstums der Dritten Welt wurde durch die Bevölkerungsexplosion aufgezehrt.

Ebensowenig darf übersehen werden, daß die Wachstumsrate von 6 Prozent eine Durchschnittsrate ist und daß sich hinter dieser Zahl enorme Unterschiede verbergen – Unterschiede, die durch die Erhöhung der Energiepreise noch einmal drastisch verschärft wurden. Vor der Vollversammlung der Vereinten Nationen 1974 habe ich davon gesprochen, daß uns die Verteuerung der Energie zwinge, den Gürtel enger zu schnallen. Für manche Länder der Dritten Welt aber könne sie zur Überlebensfrage werden.

Die Weltwirtschaft ist darüber hinaus mit einer Reihe von neu aufgekommenen Entwicklungen und Problemen konfrontiert. Ich nenne die Bereiche: multinationale Unternehmen, Rohstofferlösstabilisierung, Exportkontrollen, Exportkredite, flexible Devisenkurse und Interventionen der Zentralbanken in den Devisenmärkten.

Monopolistische Preiskämpfe und »Weltplanwirtschaft« würden nicht zuletzt den Entwicklungsländern schaden

Die Weltwirtschaftsordnung bedarf also zweifellos der Reform und der Ergänzung. Aber nochmals: Wir wollen auf keinen Fall die Zerstörung. Es würde niemandem dienen, auch nicht den Entwicklungsländern, an ihre Stelle das Chaos monopolistischer Preiskämpfe oder die Ineffizienz und Verschwendung administrativer Erschwerung zu setzen. Systemveränderung um jeden Preis ist auch in der Außenpolitik von Übel. Die Aufgabe lautet vielmehr: die Effizienz des Marktes mit der Hilfe für die Schwachen zu verbinden. Sie ist im Prinzip analog zu der Aufgabe, wie wir sie im Inneren durch die soziale Marktwirtschaft gelöst haben.

Kooperation, nicht Konfrontation! Reform, nicht Zerstörung! Wie wirkt sich diese Maxime im Konkreten aus?

Unterstützung realistischer Forderungen

Wir stimmen den realistischen Vorschlägen, die die Dritte Welt für eine Neuordnung macht, durchaus zu. Ich nenne etwa die Forderung, den Marktzugang für die Exportgüter der Dritten Welt weiter zu verbessern. Die Bundesrepublik Deutschland stand hier innerhalb der Europäischen Gemeinschaft in der vordersten Front der

Länder, die sich dafür einsetzten, der Dritten Welt allgemeine, nicht-gegenseitige Präferenzen zu gewähren.

Ich nenne weiter die Forderung, die wirtschaftliche Zusammenarbeit unter den Entwicklungsländern selbst zu stärken. Auch hier verfolgt die Bundesrepublik Deutschland seit langem die Politik, Zusammenschlüsse auf regionaler Basis zu fördern. Wir sind ferner auch bereit, in geeigneten Fällen den Abschluß von Rohstoffabkommen zu prüfen und – im Rahmen unserer finanziellen Möglichkeiten – dazu beizutragen, die Exporterlöse zu stabilisieren, wie es das Abkommen von Lomé beweist.

Das Nein zum Rohstoffkartell

Ausgleich extremer Preisschwankungen und Erlösstabilisierung sind jedoch etwas grundsätzlich anderes als es der Versuch wäre, die willkürliche Festsetzung der Rohstoffpreise zu einem Ordnungsprinzip der Weltwirtschaft zu machen. Hierzu müßten wir ebenso »nein« sagen, wie wir zur Aufhebung des völkerrechtlichen Schutzes für Auslandsinvestitionen »nein« gesagt haben.

Wir lassen uns dabei nicht nur von unseren eigenen Interessen leiten, sondern von der Sorge um die Auswirkungen auf die Weltwirtschaft in ihrer Gesamtheit. Die Dritte Welt selbst würde Schaden nehmen. Weit über die Hälfte der Entwicklungsländer sind Nettoimporteure von mineralischen Rohstoffen. Überhöhte Preise für diese Rohstoffe würden also der Mehrheit der Dritten Welt bereits durch ihre direkte Auswirkung Nachteil bringen. Wenn es dazu eines Beweises bedürfte, hat ihn die Energiekrise geliefert. Die am meisten von den Erdölpreiserhöhungen betroffenen Länder sind Länder der Dritten Welt. Nichts wäre verhängnisvoller als wenn sich so eine Vierte Welt entwickelte.

Rechtssicherheit für Auslandsinvestitionen ist im Interesse aller

Ein analoger direkter Effekt wäre vorauszusehen, wenn die Auslandsinvestitionen keinen Schutz des allgemeinen Völkerrechts mehr genießen sollten. Gewinnen würden – und auch dies nur kurzfristig – allenfalls einige Rohstoffländer, die westliche Altinvestitionen ungehindert verstaatlichen könnten. Verlieren würden alle jene Entwicklungsländer, die wegen der so geschaffenen Rechtsunsicherheit Auslandsinvestitionen nicht mehr anzuziehen vermöchten.

Gesundheit der westlichen Volkswirtschaften nützt auch den Entwicklungsländern

Schwerwiegender noch als diese direkten Verluste für die Mehrheit der Dritten Welt wären die indirekten Folgen. Die Ölkrise gibt hier Anschauungsunterricht: Sie hat die Lösung der ohnehin in der westlichen Welt vorhandenen Probleme gewiß nicht erleichtert. Für die rohstoffarme Mehrheit der Dritten Welt bedeutet dies: fallende Exporte in die Industrieländer, sinkende Hilfe auf Grund nachlassender Leistungsfähigkeit des Westens und – als Konsequenz von beidem – abnehmende Wachstumsraten.

Politisierung der Außenwirtschaftsbeziehungen

Die Auseinandersetzung um das Weltwirtschaftssystem birgt die Gefahr in sich, daß durch Überspannung der Forderungen auf der einen und starres Status-quo-Denken auf der anderen Seite die Welt in eine Konfrontation hineinmanövriert wird, in der beide Parteien verlieren.

Gerade die Bundesrepublik Deutschland, die durch ihre starke außenwirtschaftliche Verflechtung so sehr auf Stabilität in der Welt angewiesen ist, muß diese Gefahr sehr ernst nehmen. Aktiv dazu beizutragen, die Gefahr der Konfrontation zu bannen, muß Priorität in unserer Außenpolitik haben. Die »gute alte Zeit« der Nachkriegsepoche, wo die Außenwirtschaft eingebettet war in ein System verläßlicher Regeln und sozusagen auf ihren eigenen Gleisen fuhr, fern von allem politischen Hader, scheint fürs erste vorbei zu sein. Außenpolitik und Außenwirtschaftspolitik lassen sich nicht mehr voneinander trennen.

Ich habe unlängst in einer Rede vor dem Deutschen Industrie- und Handelstag für den innerstaatlichen Bereich gesagt: »Politik und Wirtschaft haben sich vollständig durchdrungen und hängen vollkommen voneinander ab. Politische Entscheidungen bestimmen das Wohlergehen der Wirtschaft, aber umgekehrt gilt auch, daß wirtschaftliche Entscheidungen den Erfolg der Politik erleichtern oder erschweren können.« Das läßt sich mit gleicher Berechtigung auch für den außenpolitischen Bereich sagen.

Politik des Interessenausgleichs mit der Dritten Welt ist vor allem VN-Politik

Der Schauplatz der Auseinandersetzung um die Weltwirtschaftsordnung sind die Vereinten Nationen und die von den VN einberufenen internationalen Konferenzen. Politik des Interessenausgleichs mit der Dritten Welt ist deshalb wesentlich VN-Politik. Wir haben uns in dieser Politik während der letzten VN-Generalversammlung bereits von der Maxime leiten lassen: Kooperation, aber nicht Konfrontation.

Anläßlich der Debatte über die »Charta wirtschaftlicher Rechte und Pflichten der Staaten« haben wir bei den Abstimmungen über die einzelnen Artikel gezeigt, daß wir mit den meisten Forderungen der Dritten Welt übereinstimmen. Bei der Abstimmung über die Charta im Ganzen haben wir jedoch mit »nein« gestimmt, da sie die zwei für uns unakzeptablen Forderungen enthielt: die Forderung nach Rohstoffkartellen und die Forderung nach Wegfall des völkerrechtlichen Schutzes für Auslandsinvestitionen. Mit uns stimmten von den großen Industriestaaten auch die USA und Großbritannien. Auf viele Staaten der Dritten Welt ist diese sachlich motivierte eindeutige Haltung nicht ohne Wirkung geblieben. Unrealistische Forderungen werden in Frage gestellt. Das ist eine hoffnungsvolle Entwicklung.

Die Vereinten Nationen von der Gefahr eines Konfrontationskurses abbringen

Gemeinsames Ziel sollte es sein, die Vereinten Nationen von dem Konfrontationskurs, auf den sich die letzte Generalversammlung über weite Strecken begab, abzubringen und sie wieder zu einem Forum des weltweiten Interessenausgleichs zu machen, zu einem Forum, in dem Entwicklungsländer und Industrieländer an der Lösung der gemeinsamen Probleme der interdependenten Welt zusammenarbeiten.

Wir wollen diese Zusammenarbeit und wir werden alles tun, um den Vereinten Nationen ihren Rang und damit ihre Wirkungsmöglichkeiten zu erhalten.

Bilaterale Gespräche im Vorfeld der VN

Die Bundesrepublik Deutschland hat gute und freundschaftliche Beziehungen zu den Ländern der Dritten Welt. Sie wollen wir einsetzen, um die Frontstellungen der letzten Generalversammlung der Vereinten Nationen zu überwinden. Wir tun es auch aus der Sorge heraus, daß eine Fortdauer dieser Frontstellungen früher oder später auch nachteilige Auswirkungen auf die zweiseitigen Beziehungen haben könnte. Das muß vermieden werden. Wenn wir heute die Auswirkungen des in der letzten Generalversammlung praktizierten Majoritätsprinzips auf eine Welt analysieren, die vom Konsens aller abhängig ist, dann dürfen wir nicht übersehen, daß manche der Verhaltensweisen, die heute von der westlichen Welt kritisiert werden, unter anderen Mehrheitsverhältnissen von ihr selbst praktiziert wurden. Und wir können unsere Lage auch nicht durch den Hinweis verbessern, daß wir damals – wenn auch nicht durch eigenes Verdienst – noch nicht dabeigewesen seien.

Uns geht es vielmehr darum, durch eine solide Vorbereitung der General- und der Sondergeneralversammlung, durch vorherige Kontakte nicht nur mit anderen Industriestaaten, sondern mit den uns freundschaftlich verbundenen Staaten der Dritten Welt, die konstruktive Erörterung der gesamten weltpolitischen und weltwirtschaftlichen Probleme zu erleichtern. In diese Richtung geht auch unsere Initiative, ein koordiniertes Verhalten der neun Staaten der Europäischen Gemeinschaft in den Vereinten Nationen zu erreichen.

Der euro-arabische Dialog – ein Modell der Zusammenarbeit

Und in diese Richtung zielt ebenso meine Absicht, die Botschafter der Dritten Welt zu Gesprächsrunden einzuladen, in denen neben den bilateralen Fragen auch die in den Vereinten Nationen aufkommenden Fragen erörtert werden sollen. Im Vorfeld der Vereinten Nationen nehmen wir aktiv an allen Bemühungen um multilaterale Kooperation teil.

Für uns ist der europäisch-arabische Dialog geradezu ein Modell multilateraler Kooperation zwischen zwei Staatengruppen auf vielen Gebieten. Dieser Dialog hat für uns einen hohen Stellenwert. Auch wenn es sich nicht um einen politischen Dialog im engeren Sinne handelt, ist seine positive Auswirkung auf die Lage im Nahen Osten nicht zu übersehen. Er erleichtert unsere ausgewogene Nahostpolitik und er fördert konstruktive Beiträge von arabischer Seite zur Lösung des Nahostkonflikts.

Das Abkommen zwischen EG und den 46 afrikanisch-karibisch-pazifischen Staaten: ein Akt weltwirtschaftlicher Vernunft

Das eben abgeschlossene Abkommen der Europäischen Gemeinschaft mit den AKP-Staaten ist ein Akt weltwirtschaftlicher Vernunft. Es beweist, daß und wie Industrie- und Entwicklungsländer den Weg der Kooperation gehen können. Die Regelungen, die auf dem Gebiet des Handels, der Rohstoffe, der finanziellen und industriellen Zusammenarbeit gefunden wurden, sind die konstruktive Antwort der EG auf Probleme der Dritten Welt, die wir nicht verkennen. Ich hoffe, sie wird überall so verstanden – auch über den Kreis der AKP-Länder hinaus.

Die aktiven Bemühungen der Bundesregierung um das Zustandekommen der Verbraucher-Produzenten-Konferenz ist ebenfalls getragen von dem Willen zum Interessenausgleich und zur Kooperation. Nur eine konsequente Fortsetzung unserer auf Interessenausgleich bedachten Politik wird die anstehenden weltwirtschaftlichen und damit weltpolitischen Probleme meistern. Die Bundesregierung ist dazu entschlossen.

III

Asien als Partner der Bundesrepublik

Lassen Sie mich den Ausführungen, die Fragen unseres Verhältnisses zur Dritten Welt insgesamt betreffen, noch einige Bemerkungen hinzufügen, die auf unsere Beziehungen zu Asien eingehen.

1. Günstige Entwicklung des Außenhandels

Unser Außenhandel mit Asien hat sich auch im abgelaufenen Jahr weiterhin günstig entwickelt. Unsere Exporte sind überproportional gestiegen. Die unterdurchschnittliche Zuwachsrate der Ausfuhr nach Japan, unserem Haupthandelspartner in der Region, wurde dabei mehr als ausgeglichen durch die überproportionalen Steigerungsraten unserer Exporte in die asiatischen Entwicklungsländer. So stiegen unsere Ausfuhren nach Sri Lanka um 100 Prozent, nach Malaysia um 88 Prozent, nach Pakistan um 79 Prozent, nach Indonesien und den Philippinen um je 62 Prozent. Die Ausfuhr nach China überschritt zum ersten Mal die Milliardengrenze.

Diese hohen Ausfuhren nach Asien und in andere Regionen der Welt haben wesentlich zur Stabilisierung unserer Binnenkonjunktur beigetragen.

2. 57 % unserer Kapitalhilfe gingen nach Asien

Asien ist ein Schwerpunktbereich unserer Entwicklungshilfe. Von der deutschen Kapitalhilfe gingen 1974 über 57 Prozent der Brutto-Auszahlungen nach Asien. Die Neuzusagen machten allerdings nur ein Drittel der Gesamtzusagen aus. Zu bedenken ist jedoch, daß Asien in den letzten Jahren eine sehr beträchtliche deutsche Hilfe indirekt über die multilateralen Organisationen zufloß.

3. Unsere politische Zusammenarbeit mit Asien

Asien ist ein Kraftzentrum der Weltpolitik. Zwei der großen Mächte, China und Japan, deren Bedeutung noch ständig im Steigen ist, gehören der Region an. Die beiden Supermächte wirken in die Region hinein.

Wir begrüßen und unterstützen den Zusammenschluß asiatischer Länder

Die Bundesrepublik Deutschland hat ein vitales Interesse an Frieden und Stabilität in diesem weltpolitisch so bedeutenden Kontinent. Unsere Außenpolitik widmet von daher den Entwicklungen auf dem Kontinent größte Aufmerksamkeit. Als wichtiger und zukunftsweisender Trend erscheint uns der Zusammenschluß der asiatischen Länder zu regionalen und subregionalen Gruppierungen. Darin drückt sich ein wachsendes Gefühl gemeinsamer Verantwortung für das Schicksal der Region aus. Insbesondere die ASEAN-Länder zeigen dabei – über die wirtschaftliche Zusammenarbeit hinaus – mehr und mehr Willen, auch ihre Außen- und Sicherheitspolitik abzustimmen. Wir begrüßen diesen Willen zum Zusammenschluß, denn er wirkt darauf hin, zu stabilisieren und Interessenkonflikte durch Zusammenarbeit friedlich beizulegen.

Diese Entwicklung gibt unserer Politik zugleich die Chance, zur Stabilität des Kontinents einen – wenn auch notwendigerweise bescheidenen – Beitrag zu leisten: Wir, und ebenso die Europäische Gemeinschaft, suchen mit Rat und Tat diese Zusammenschlüsse zu fördern. Ich weise in diesem Zusammenhang insbesondere hin auf unsere Mitarbeit bei ECAFE und auf unser Engagement bei der Asiatischen Entwicklungsbank.

Asien als Partner in den Bemühungen um Reform der Weltwirtschaftsordnung

Im multilateralen Bereich ist Asien für uns ferner gerade bei der Suche nach einer neuen Stabilität der Weltwirtschaft ein wichtiger Partner. Wir treffen mit unserem Leitsatz, die Weltwirtschaftsordnung fortzuentwickeln, nicht aber umzustürzen, bei den asiatischen Entwicklungsländern auf besonderes Verständnis. Asien hat in seiner Jahrtausende währenden Geschichte einen starken, lebendigen Sinn für Kontinuität, Harmonie und Ausgleich entwickelt. In den Debatten über die Umgestaltung des Weltwirtschaftssystems kamen von den asiatischen Entwicklungsländern vorwiegend Stimmen der Mäßigung. Wir wünschen uns auch aus diesem Grunde, daß sie das Gewicht ihres Kontinents, in dem mehr als die Hälfte der Menschheit lebt, voll zur Geltung bringen.

Historisch gewachsene Beziehungen

Wir haben zu Asien – politisch, wirtschaftlich und kulturell – historisch gewachsene Beziehungen. Wir haben in beiden Richtungen einen regen, weitgefächerten Besucheraustausch.

Politische Besuche müssen das Gewicht deutlich machen, das wir unseren Beziehungen zu den Staaten Asiens beimessen. Meinen Besuchen in der Volksrepublik China und in Japan 1973 und 1974 soll eine Reise in andere Staaten Asiens in diesem Herbst folgen. Eine der von mir erwähnten Gesprächsrunden mit Botschaftern der Dritten Welt wird dieser Reise vorausgehen.

Unsere Außenpolitik und unsere Politik in den Europäischen Gemeinschaften werden dazu beitragen, unsere Beziehungen zu den Staaten Asiens weiter auszubauen und zu stärken. Wir sind uns daher einig, mit den Zielen, die das Wirken des Ostasiatischen Vereins bestimmen.

Realistische Entspannungspolitik

Erklärung der Bundesregierung zur Konferenz über Sicherheit und Zusammenarbeit in Europa, abgegeben vom Bundesminister des Auswärtigen vor dem Deutschen Bundestag am 25. Juli 1975

In wenigen Tagen werden sich in Helsinki die Repräsentanten von 35 europäischen und nordamerikanischen Staaten zur dritten und abschließenden Phase der Konferenz über Sicherheit und Zusammenarbeit in Europa zusammenfinden, einer Konferenz, deren zweite Phase, also die eigentlichen Verhandlungen, nach eineinhalbjähriger Tätigkeit soeben in Genf zu Ende gegangen ist.

Die Bundesregierung hat in ihrer Sitzung am 23. Juli 1975 die Zustimmung zu den Konferenzergebnissen beschlossen. Sie begrüßt die Gelegenheit, diese Entscheidung vor dem Deutschen Bundestag begründen zu können.

Es ist heute das zweite Mal, daß sich der Deutsche Bundestag mit dieser Materie in einer besonderen Sitzung befaßt. Der Auswärtige Ausschuß hat in zehn Sitzungen allein in dieser Legislaturperiode die Konferenzmaterie beraten. Er ist außerdem ständig über den Gang der Verhandlungen eingehend unterrichtet worden.

Wir, die Bundesrepublik Deutschland, haben die Konferenzergebnisse in dreifacher Hinsicht zu bewerten:

1. Welche Bedeutung haben sie für uns als einer freiheitlichen Demokratie, die dem Atlantischen Bündnis angehört?
2. Welche Bedeutung haben sie für uns als Teil der Europäischen Gemeinschaft der Neun?
3. Was bedeuten sie für uns als Deutsche angesichts der anhaltenden staatlichen Teilung?

Wie die Dinge in Mitteleuropa liegen, muß das Thema Sicherheit und Zusammenarbeit in Europa nach wie vor das zentrale Thema unseres politischen Denkens und Handelns sein. Niemand als wir Deutschen kann ein größeres Interesse daran haben, daß die Konferenz ihr Ziel erreicht, nämlich die Beziehungen und die Kontakte zwischen den Staaten und den Menschen in ganz Europa zu verbessern.

Niemand, so finden wir, hat mehr Anlaß als wir, Entspannung und Zusammenarbeit über die Grenzen und Blöcke hinweg zu fördern.

Hier liegt die spezifische deutsche Beziehung zu der Konferenz, zu ihren Zielen und zu ihren Möglichkeiten. Ich glaube, daß niemand mehr als wir seine nationale Pflicht versäumen würde, wollte er zögern, auch nur die geringste Chance für eine Entwicklung zu nutzen, die schließlich auch das Schicksal der geteilten Nation erleichtern könnte.

Denn unverändert gilt fort, was der Bundeskanzler in der Regierungserklärung über die Lage der Nation am

30. Januar 1975 ausgeführt hat. Er sagte damals: *Mauer, Stacheldraht, Todesstreifen und Schießbefehl haben ihre Unmenschlichkeit nicht verloren. Jeder weiß auch: es wäre Illusion zu glauben mit Protesten hier Abhilfe schaffen zu können. Wir finden uns jedoch mit diesen Zuständen nicht ab, sondern wir bemühen uns beharrlich um Änderung. Wir wissen, daß die Überwindung der jetzigen Lage* – so schließt der Bundeskanzler an dieser Stelle – *erst am Ende einer sehr langfristigen Entwicklung stehen kann.*

Gerade den letzten Gesichtspunkt, den der langfristigen Entwicklung, haben wir bei den Verhandlungen in Genf von Anfang an in Rechnung gestellt.

In unserer Lage ist es nur selbstverständlich, daß auch ein begrenzter Fortschritt große Anstrengungen rechtfertigt. Deshalb sollte jeder von uns das Erreichte allein am real Möglichen messen und sich nicht durch das ideal Wünschenswerte den Blick für das heute Mögliche verstellen lassen.

Wir haben unsere Rolle bei der Konferenz positiv aufgefaßt. Wir wollten die Entspannung fördern und so zugleich unsere Interessen als Deutsche und als Europäer vertreten.

Ich möchte an dieser Stelle den Mitgliedern der deutschen Verhandlungsdelegation, an der Spitze den Leitern – zunächst Dr. Brunner, dann Dr. Blech –, für die Zielstrebigkeit, die Beharrlichkeit und den persönlichen Einsatz, mit dem sie in Genf unsere Belange vertreten haben, hier ausdrücklich danken.

Die Konferenz für Sicherheit und Zusammenarbeit, ist nicht zu einer Konferenz über Deutschland oder Berlin geworden, auch wenn die Sorge, sie könne es werden, vorher nicht ganz unbegründet erscheinen mochte. Ich denke, angesichts dieser Tatsache sollten wir uns alle bei unseren Äußerungen zu der Konferenz, zu ihren Ergebnissen und auch in der Art, wie wir diese Debatte heute führen, vor der Gefahr hüten, diese Konferenz nun von uns aus und nachträglich noch zu einer Deutschland-oder Berlin-Konferenz zu machen. Wir würden damit übrigens zugleich die umfassende Zielsetzung, die wir stets bejaht haben, verdecken.

Wir konnten und wir können – gerade wir als Deutsche – aus einer Konfrontation in Europa keinen Nutzen ziehen. Wir können aber gewinnen, wenn wir den Prozeß der Entspannung, wie wir ihn verstehen, fördern:

- Wir können in einem Europa, das durch Unterschiede der politischen Systeme in schmerzhafter Weise geteilt ist, den Menschen den Kontakt und das Zusammenleben erleichtern;
- wir können über die Systemgrenzen hinweg die Zusammenarbeit der Staaten und der Menschen zum Nutzen aller fördern;
- wir können damit schließlich einen Zustand des Friedens in Europa erreichen, einen Zustand, von dem wir erwarten, daß in ihm auch das deutsche Volk in freier Selbstbestimmung seine Einheit wieder erlangen kann.

Ich sage bewußt »wir können«, weil wir Entspannung als eine Möglichkeit begreifen, die wir allerdings durch bewußte und zielstrebige politische Gestaltung nutzen müssen. Nutzen wir sie nicht, so könnten wir bei der Entspannung sogar verlieren. Verlieren nämlich dann, wenn sie ohne uns und damit ohne die Berücksichtigung unserer eigenen Interessen von anderen betrieben würde.

Unsere realistische Entspannungspolitik dient dem Frieden. Wer das bestreitet, muß die Alternative nennen. Realistische Entspannungspolitik ist eine Politik, die auch ihre Grenzen sehr klar erkennt. Entspannungspolitik erfordert das Fundament Sicherheit, und Sicherheit gibt es für uns nicht ohne das Bündnis und seine und damit auch unsere Verteidigungsbereitschaft.

Wer glaubt, er könne seine Sicherheit gewährleisten allein durch Bemühung um Entspannung, wäre ein gefährlicher Träumer.

Den Entspannungsprozeß haben wir durch deutsche Beiträge entscheidend mitbestimmt. Ich spreche von den Verträgen mit der Sowjetunion, mit Polen, mit der CSSR, vom Grundlagenvertrag mit der DDR und, verknüpft mit diesen Verträgen, auch vom Viermächte-Abkommen über Berlin.

Halten wir uns kurz die Entstehungsgeschichte der Konferenz vor Augen: Die Bestrebungen, die Mitte der fünfziger Jahre und dann wiederum Mitte der sechziger Jahre auf eine – wie es damals hieß – gesamteuropäische Sicherheitskonferenz gerichtet waren, konnten mit unseren politischen Positionen und Zielen nicht in Einklang gebracht werden.

So konnte es etwa für den Westen nicht akzeptabel sein, durch eine solche Konferenz den durch den Krieg geschaffenen territorialen Status quo in Europa endgültig festzuschreiben und zu legitimieren, die Rolle der Vereinigten Staaten in Europa zu vermindern und durch Schaffung eines sogenannten gesamteuropäischen Sicherheitssystems der Auflösung der Bündnisse – das heißt im praktischen Effekt vor allem der NATO – den Weg zu öffnen.

Die Lage änderte sich wesentlich, als – beginnend mit dem Harmel-Bericht von 1967 – das Atlantische Bündnis dem Konzept einer gesamteuropäischen Sicherheitskonferenz sein eigenes Entspannungskonzept gegenüberstellte – das übrigens unter Zustimmung der damaligen Bundesregierung und der Opposition. Dieses Konzept setzt den Bestand der engen Bindungen zwischen Westeuropa und Nordamerika als selbstverständliche Grundlage jeder Entspannung in Europa voraus.

Es ging ferner von zwei Grundsätzen aus: nämlich dem

Grundsatz, daß politische und militärische Sicherheit untrennbar sind, und dem Grundsatz, daß wirkliche Entspannung den Menschen unmittelbar zugute kommen und von ihnen getragen werden muß.

Deshalb waren wir nicht nur berechtigt, sondern – wie die Bundesregierung meint – in Wahrnehmung unserer Interessen verpflichtet, die Konferenz auch als eine Chance für uns zu begreifen und entsprechend zu handeln. Wir können heute sagen: die Konferenz hat den Status quo in Europa nicht festgeschrieben, und deshalb sollten wir ihn auch selbst nicht festreden.

In Wahrheit hat die Konferenz ausdrücklich und in Übereinstimmung mit dem Völkerrecht die Möglichkeit friedlicher und einvernehmlicher Grenzänderungen anerkannt. Sie hat damit sowohl die deutsche wie die europäische Option offengehalten.

Die Diskussion über die friedliche Veränderbarkeit der Grenzen, die Beharrlichkeit, mit der wir und unsere Freunde gerade um diese Passagen gerungen haben, hat einen wichtigen und positiven Effekt über den Inhalt dieser Aussage im Dokument hinaus: Wir haben damit der europäischen und darüber hinaus der Weltöffentlichkeit erneut deutlich gemacht, daß wir unbeirrbar an unserer Politik festhalten, wie sie unser Grundgesetz legitimiert, wie sie in den Briefen zur deutschen Einheit niedergelegt ist, und deutlich gemacht, daß wir entschlossen sind, den Prozeß der europäischen Einigung fortzusetzen. Wir haben das in Übereinstimmung und mit Unterstützung aller Partner in der Gemeinschaft und im Bündnis getan – eine Haltung, für die ich an dieser Stelle unseren Freunden ausdrücklich danken möchte.

Gleiches gilt, wo es auf die Interessen Berlins ankam, die wir in der Konferenz wahrzunehmen hatten. Zwar ist deren Schlußakte kein völkerrechtlicher Vertrag, dessen Geltung auf Berlin nach dem üblichen Verfahren zu erstrecken wäre. Um so mehr mußte auf andere Weise sichergestellt werden, daß alle Teilnehmerstaaten, vor allem diejenigen, die mit Berlin in besonderer Weise zu tun haben, sich dann auch an die politischen Verhaltensregeln halten, zu denen sie sich in der Schlußakte bekennen, wenn es um Berlin geht, wenn es darum geht, daß den Berlinern die Vorteile zukommen, die aus den Konferenzergebnissen hervorgehen; und das ist geschehen.

Die Schlußakte macht deutlich, daß jene Vorteile eben nicht nur zwischen den Teilnehmerstaaten selbst gewährleistet sein sollen, sondern diese Staaten die Vorteile auch überall dort in Europa gewährleisten werden, wo man sie in Anspruch nehmen will.

Es entspricht der Auffassung aller Teilnehmerstaaten, daß es keine weißen Flecken auf der Landkarte der Entspannung geben kann, soweit es sich um Gebiete handelt, für die sie in der einen oder anderen Weise Verantwortung tragen.

Die Regierungschefs der neun europäischen Staaten haben in der gemeinsamen Erklärung des Europäischen Rates vom 17. Juli 1975 ausdrücklich festgestellt, daß die Ergebnisse der Konferenz überall in Europa, also auch in Berlin, zur Geltung kommen sollen.

Die Konferenz hat, das wird heute niemand mehr bestreiten, die Rolle der Vereinigten Staaten und Kanadas in Europa bestärkt. Das Einverständnis aller anderen Staaten mit der Teilnahme dieser beiden Länder an der Konferenz war zugleich das Anerkenntnis der Verantwortung der USA und Kanadas in und für Europa.

Die Konferenz hat das Atlantische Bündnis zum aktiven Partner des Entspannungsprozesses werden lassen. Neben der militärischen Aufgabe, das Gleichgewicht der Kräfte zu erhalten, übernahm das Bündnis eine zweite, eine politische und dynamische Aufgabe, nämlich gemeinsam nach Fortschritten in Richtung auf spannungsfreiere Ost-West-Beziehungen zu suchen.

Es ist ein bisher einmaliger Vorgang, daß die Partner eines Bündnisses auf der Grundlage gemeinsam in diesem Bündnis erarbeiteter Positionen multilateral auch mit den Staaten verhandeln, gegen die sie sich zur Verteidigung zusammengeschlossen haben, verhandeln über die Frage, wie die Konfliktgefahr verringert und mehr Stabilität gewonnen werden kann. Diese neue Rolle hat das Bündnis in seinem politischen Zusammenhalt gestärkt und ihm Gelegenheit gegeben, über zwei Verhandlungsjahre hinweg eben diesen Zusammenhalt unter Beweis zu stellen.

Das gleiche können wir von der Europäischen Gemeinschaft sagen. Auch hier hat die Konferenz dem politischen Einigungsprozeß starke Impulse gegeben. Die politische Zusammenarbeit und die Solidarität der Neun haben in Genf ihre Probe bestanden. Wenn einer der Neun ein wesentliches Interesse hatte, wurde dies auch zum Interesse der anderen acht. Die Neun wurden in dieser Zeit zu einer politischen Einheit und zu einer politischen Kraft, die den Gang der Konferenz ganz entscheidend beeinflußt hat. Wir haben während der Konferenz ein Stück gemeinsamer europäischer Außenpolitik definiert und gemeinsam vertreten.

Die Ihnen vorliegende Erklärung des Europäischen Rates – abgegeben von den neun Regierungschefs – zur Konferenz über Sicherheit und Zusammenarbeit in Europa hat diese Entschlossenheit erneut unterstrichen. Sie spricht zugleich die Absicht aus, nach der Konferenz und auf der Grundlage ihrer Ergebnisse auch die europäische Entspannungspolitik gemeinsam, d. h. als Politik der Neunergemeinschaft zu gestalten. Die Gemeinschaft ist damit zu einem aktiven Partner des Entspannungsdialogs geworden.

Wir, die Deutschen, die vom gegenwärtigen Zustand in Europa hauptsächlich und schmerzlich betroffen sind, sollten als erste erkennen, was es bedeutet, wenn wir unsere Belange nicht allein, sondern in Gemeinschaft mit unseren europäischen Partnern und damit auch mit ihrer Unterstützung verfolgen können.

Auch die Rolle der neutralen und ungebundenen Staaten ist hervorzuheben. Das Konsensprinzip, nach dem die Konferenz arbeitet, hat diesen Staaten ein volles Mitspracherecht gesichert; sie haben es wirksam gebraucht. Sie haben das selbstverständlich im Sinne ihrer durch Neutralität und Ungebundenheit bestimmten außenpolitischen Interessen getan.

Es hat sich aber erwiesen, daß überall dort, wo sie und wir dieselben Wertvorstellungen von Demokratie, Freiheit, Rechtsstaatlichkeit und einer offenen Gesellschaft haben, die Gemeinsamkeit dieser Vorstellungen immer wieder eindrucksvoll zur Geltung kam.

Schließlich sollte noch hervorgehoben werden, daß die 35 Teilnehmerstaaten der Konferenz sich der Probleme bewußt waren, die ihr Verhältnis zur übrigen Welt stellt. Das kommt an mehreren Stellen der Schlußakte zum Ausdruck, nicht zuletzt in dem Teil, der sich mit der Sicherheit und Zusammenarbeit im Mittelmeerraum befaßt. Auch die schon zitierte Erklärung des Europäischen Rates nimmt darauf Bezug und hebt nochmals die Entschlossenheit hervor, auch die Beziehungen zu den nichteuropäischen Mittelmeerstaaten weiterzuentwickeln.

Das Konferenzergebnis liegt Ihnen in Gestalt der Schlußakte vor. Es ist bekannt. Ich will deshalb hier nur zu einigen Schwerpunkten Stellung nehmen.

Die Schlußakte umschließt mit einigen einleitenden und Schlußbestimmungen die eigentlichen Sachergebnisse der Konferenz, und zwar in drei Hauptbereichen, die man in Genf »Körbe« genannt hat. Es geht um
- Fragen der Sicherheit in Europa,
- die Zusammenarbeit in den Bereichen von Wirtschaft,

Wissenschaft, Technik und Umwelt sowie
– die Zusammenarbeit in humanitären und anderen Bereichen.

Hinzu treten noch besondere Texte über Fragen der Sicherheit und Zusammenarbeit im Mittelmeerraum und – das ist von besonderer Bedeutung – über die Folgen der Konferenz.

Die operativen Aussagen der Schlußakte beziehen sich einmal auf die Entschlossenheit der Teilnehmerstaaten, den Ergebnissen der Konferenz volle Wirksamkeit zu verleihen und die Vorteile, die aus diesen Ergebnissen hervorgehen, zwischen ihren Staaten und – ich wiederhole dies – *in ganz Europa* zu gewährleisten. Ich habe schon darauf hingewiesen, was das positiv für Berlin bedeutet.

Zum anderen wird klargestellt, daß die Schlußakte kein völkerrechtlicher Vertrag ist, der nach Artikel 102 der Charta der Vereinten Nationen registrierbar wäre. Der Text läßt aber auch keinen Zweifel daran, daß die Teilnehmerstaaten das Dokument als ein Dokument von sehr hoher politischer Bedeutung betrachten.

Nun zu den inhaltlichen Bestimmungen, zunächst zur Erklärung über die Prinzipien. Diese Prinzipien, die die Beziehungen zwischen den Teilnehmerstaaten leiten sollen, geben zu einem großen Teil geltendes allgemeines Völkerrecht wieder. Zum anderen enthalten sie Verhaltensregeln, wie sie von allen Staaten als angemessen und vernünftig akzeptiert werden. Insgesamt sind diese Prinzipien alle einander gleichgeordnet; jedes muß im Zusammenhang der anderen interpretiert und angewendet werden.

Nach dem Prinzip der souveränen Gleichheit soll jeder Staat selbst über seine inneren Angelegenheiten entscheiden und seine auswärtigen Beziehungen unter Beachtung des Völkerrechts nach seinem Belieben gestalten.

Das bestätigt nicht nur seine Freiheit, Verträge zu schließen, internationalen Organisationen beizutreten, auch Mitglied von Bündnissen zu sein, sondern auch sein grundsätzliches Recht – und hier kommt die Bestimmung, die für uns besonders bedeutungsvoll ist –, in Übereinstimmung mit dem Völkerrecht seine Grenzen zu einem anderen Staat einvernehmlich und friedlich zu verändern, also auch aufzuheben.

Ich möchte noch einmal auf die Bedeutung dieser Aussage für die deutsche und die europäische Option hinweisen. Das Prinzip der Unverletzlichkeit der Grenzen kann von vornherein dem nicht entgegenstehen, da es das Verbot der Grenzänderung unter Gewaltanwendung oder Gewaltandrohung zum Inhalt hat. Wir bekennen uns in diesem Sinne uneingeschränkt zu diesem Prinzip, so wie wir uns uneingeschränkt zum Gewaltverbot überhaupt bekennen.

Es ist deshalb auch unserer Haltung in der deutschen Frage nicht entgegengesetzt. Wir sollten uns deshalb auch davor hüten, die in diesem Prinzip enthaltene Absage an jeden Anschlag auf eine Grenze auch nur gedanklich in die Nähe unseres durch die Verfassung gebotenen und völkerrechtlich legitimen Ziels der friedlichen Verwirklichung der Wiedervereinigung zu bringen.

Von gleicher Bedeutung wie die Feststellung der friedlichen Veränderbarkeit der Grenzen ist für uns das deutlich formulierte Prinzip der Selbstbestimmung und die Aussage über die Unberührtheit bestehender Rechte und Verpflichtungen und der diesbezüglichen Verträge und Vereinbarungen.

Damit ist klargestellt, daß die Konferenzergebnisse – einmal ganz abgesehen davon, daß sie keinen völkerrechtlichen Charakter haben – die Rechtslage in Deutschland nicht verändern können, daß die Rechte und Verantwortlichkeiten der Vier Mächte in bezug auf Deutschland als

Ganzes und auf Berlin in keiner Weise beeinträchtigt werden. Hier wird besonders deutlich, daß die Konferenzergebnisse dem Zustand in Deutschland eben keinen definitiven Charakter verleihen. Gleiches gilt für unsere Verträge, von denen ich in diesem Zusammenhang nicht nur die Verträge mit den osteuropäischen Staaten und den Grundlagenvertrag mit der DDR, sondern auch den Deutschland-Vertrag ausdrücklich nenne.

In Helsinki werden die Regierungschefs und Staatschefs unserer drei Partner des Deutschland-Vertrages, also der Vereinigten Staaten, Frankreichs und Großbritanniens mit dem Bundeskanzler zusammenkommen, so wie das auch vor anderen wichtigen internationalen Konferenzen üblich ist, und damit noch einmal sichtbar vor der ganzen Welt die gemeinsame Verantwortung für die deutsche Sache zum Ausdruck bringen.

Namens der Bundesregierung möchte ich die Befriedigung über diesen erneuten Solidaritätsbeweis unserer Freunde hier zum Ausdruck bringen.

Im zweiten Teil des I. Korbes findet sich das Dokument über vertrauensbildende Maßnahmen und wichtige Aspekte der Sicherheit und Abrüstung, das ebenfalls besondere Aufmerksamkeit verdient. Es trägt der Tatsache Rechnung, daß politische und militärische Sicherheit voneinander nicht zu trennen sind, auch nicht geographisch. Eine geographische Beschränkung hätte die Gefahr des Mißverständnisses mit sich bringen können, daß die Diskussion von Fragen der militärischen Sicherheit etwa grundsätzlich auf Mitteleuropa beschränkt sein müsse, daß es also in diesen Fragen für Mitteleuropa einen Sonderstatus gebe. Deshalb ist es so wichtig, daß die in der KSZE vereinbarten Maßnahmen zur Vertrauensbildung, etwa die Ankündigung von Manövern, für ganz Europa gelten, mit Ausnahmeregelungen nur für diejenigen Staaten, deren Gebiet über Europa hinausreicht. Sie schließen in ihrem Geltungsbereich einen substantiellen Teil der europäischen Gebiete der Sowjetunion ein.

Im übrigen ist dem Zusammenhang zwischen politischer und militärischer Sicherheit, wie sie das Schwerpunktthema der KSZE war, noch auf andere Weise Rechnung getragen worden. Die Verhandlungen über beiderseitige ausgewogene Truppenverminderung in Europa, die in Wien stattfinden, begannen bewußt in zeitlichem Zusammenhang mit der zweiten Phase der KSZE.

Neben den Fragen, die in erster Linie mit Sicherheit zu tun haben, stehen in den weiteren Kapiteln des Schlußdokuments die umfangreichen Aussagen über die Kooperation und die menschlichen Kontakte. Die Realisierung dieser Aussagen, die neben allgemeinen Leitlinien eine Fülle von ganz konkreten spezifischen Ansatzpunkten für die Intensivierung der Beziehungen bieten, wird ein integraler Bestandteil des Entspannungsprozesses sein, und gerade hier wird sich zeigen, wieweit dieser Prozeß geführt werden kann.

In den Aussagen zur wirtschaftlichen und wissenschaftlich-technologischen Zusammenarbeit sowie zur Zusammenarbeit im Umweltschutz wurde zum erstenmal anerkannt, daß die Unterschiede der wirtschaftlichen Systeme die Einführung eines Prinzips der gleichwertigen Gegenseitigkeit notwendig machen.

In den an die Leitlinien anschließenden konkreten Vereinbarungen ging es unter anderem darum, für unsere Wirtschaft und unsere Geschäftsleute die zahllosen bürokratischen Hemmnisse zu verringern, wie sie für staatswirtschaftliche Systeme charakteristisch sind.

In dieser und einer Vielzahl anderer Fragen sind in Korb II konkrete Verbesserungen zugesagt worden. Werden sie Wirklichkeit, so wird damit die wirtschaftliche Zusammenarbeit wesentlich gefördert werden.

Die Ausweitung des Handels, die langfristigen Kooperationsvereinbarungen sowie die Vermehrung der Geschäftskontakte, wie sie in Korb II angestrebt werden, können über den unmittelbaren wirtschaftlichen Nutzen hinaus auch eine günstige Auswirkung auf das gesamte politische Klima in Europa haben. Sie schaffen Interdependenz. Je dichter das Netz der Kooperation und damit auch der gegenseitigen Vorteile wird, um so größer wird das Interesse beider Seiten sein, diese Entwicklung nicht durch Verhalten in anderen Bereichen der Politik zu stören.

Korb III schließlich befaßt sich mit den Maßnahmen zur Förderung der Kontakte, des Informationsaustausches und des kulturellen Austausches zwischen den Menschen in Ost und West. Erinnern wir uns bei dieser Gelegenheit noch einmal daran, daß die internationale Diskussion dieser Themen vor der Konferenz keineswegs eine Selbstverständlichkeit war. Das Thema der menschlichen Erleichterungen ist jetzt endgültig auf der europäischen Tagesordnung.

Die Erklärungen in Korb III besagen, daß die Zusammenführung von Familien, persönliche Reisen, Jugendbegegnungen, Sporttreffen usw. gefördert werden sollen. Sie haben das Ziel, den Informationsaustausch zu verbessern und z. B. den Bezug ausländischer Zeitungen in allen Konferenzstaaten in breiterem Umfange als bisher zu ermöglichen und die Arbeitsbedingungen von Journalisten zu verbessern. Sie eröffnen schließlich die Möglichkeit, die kulturelle Zusammenarbeit zu erweitern.

Bei Korb III geht es um Fragen, die das Leben und das Schicksal unzähliger Menschen unmittelbar berühren. Es geht darum, ob Menschen ihre Angehörigen besuchen können, ob Familien, die auseinandergerissen sind, zusammenkommen, ob Menschen, die einander lieben, heiraten können, ob die Menschen überall in Europa mehr voneinander erfahren, ob sie einander besser verstehen können.

An den praktischen Auswirkungen gerade dieser Aussagen wird die Bundesregierung den Wert der Konferenzergebnisse messen. Und sie wird wie ihre Freunde den Willen jedes Teilnehmerstaates zu echter Entspannung danach beurteilen, wie er diese Zusagen erfüllt. Konzentrieren wir uns also nach der Konferenz auf die Frage der Durchführung der Konferenzbeschlüsse gerade im Bereich des Korbes III.

Schließlich noch zu den Konferenzfolgen: Es war ursprünglich die Schaffung eines permanenten Nachfolgeorgans in der Diskussion; es sollte nach den Vorstellungen seiner Initiatoren Kern und Ansatzpunkt eines künftigen gesamteuropäischen Sicherheitssystems sein. Es wird kein solches Folgeorgan geben.

Statt dessen wird 1977 nach entsprechender Vorbereitung ein erstes Treffen von hohen Beamten stattfinden. Bei dieser Gelegenheit werden wir mit den anderen Teilnehmerstaaten zu überprüfen haben, ob die Konferenzbeschlüsse in der erwünschten Weise Wirklichkeit geworden sind. Zugleich wird dabei festzustellen sein, wie diese Wirklichkeit das politische Klima in Europa zu beeinflussen vermochte.

Wir werden uns dann auch schlüssig werden können, in welcher Form wir den multilateralen Entspannungsprozeß in Europa fortsetzen wollen. Eine Automatik wird es dabei nicht geben; jedes neue Treffen und jede neue Konferenz wird dann nach dem Konsensprinzip von jedem einzelnen der 35 Teilnehmerstaaten gutgeheißen werden müssen. Die praktischen Erfahrungen, die dann vorliegen, werden über die weitere Praxis entscheiden.

Wenn wir die Verhandlungsergebnisse bewerten, so ist eine nüchterne Einschätzung des Charakters und des Erfolgswertes der Konferenzergebnisse erforderlich. Die

Konferenzergebnisse sind nach Auffassung der Bundesregierung ein wichtiger und notwendiger Schritt innerhalb des komplizierten und Geduld erfordernden Prozesses der Entspannung. Sie in die Wirklichkeit umzusetzen wird nicht minder wichtig sein; das wird nicht weniger Beharrlichkeit erfordern als die Verhandlungen während der Konferenz selbst.

Die Bundesregierung erwartet keine spektakulären Fortschritte in der Phase unmittelbar nach der KSZE, aber sie wird um kontinuierliche Fortschritte auf der Basis des Ergebnisses von Genf ringen.

Hüten wir uns vor der Illusion, es könne eine Politik geben, mit der uns schon am Anfang des Entspannungsprozesses all das in den Schoß fällt, was wir am Ende als sein Ergebnis für möglich halten und wünschen.

Wenn sich also der Fortschritt nur in kleinen Schritten zeigen sollte, so müssen die Schritte doch konkret sein, das heißt: spürbar für die Menschen. Für die Menschen in unserem Lande ist Entspannung kein abstrakter Begriff. Sie kann sich nur in Fortschritten für ungezählte Einzelschicksale ausdrücken, und das begründet die Pflicht für uns, die Instrumente zu nutzen, die diese Konferenz und ihre Ergebnisse uns bieten.

Nicht nur wir, nicht nur die unter der Teilung leidenden Menschen bei uns werden die Formulierungen der Konferenztexte mit der Wirklichkeit vergleichen, und es gehört keine Phantasie dazu, die Unterschiede festzustellen. Aber gerade dieser Gegensatz zwischen Wirklichkeit und Forderung veranlaßt uns, die Chance von Helsinki zu ergreifen und im Interesse der Menschen auf die Realisierung der Beschlüsse hinzuwirken.

Protest und Klage allein bringen uns nicht weiter, das haben wir lange genug erlebt. Die Schlußakte von Helsinki wird kein völkerrechtlicher Vertrag, kein völkerrechtliches Abkommen sein, das eine neue Rechtssituation schafft. Worüber sich die 35 Teilnehmerstaaten geeinigt haben und was sie sich in feierlicher Form zu eigen machen, sind Regeln ihres zukünftigen politischen Verhaltens und damit Regeln von hohem politisch-moralischem Rang.

Mit dieser Qualifizierung des Konferenzergebnisses schmälern wir ihre Bedeutung nicht; im Gegenteil: Wir bekennen uns zu diesen politischen Bindungen, und wir erwarten, daß die anderen es ebenso halten, daß sie diese Regeln als Richtschnur ihres zukünftigen Handelns betrachten.

Wir können uneingeschränkt ja sagen zu diesen Regeln. Die jetzt formulierten Absichten verlangen von uns keine Änderung der Grundsätze unserer Politik; im Gegenteil: Sie beschreiben die Politik, die wir aufgrund unserer Ideale und unseres Bildes vom Menschen als eines freien Individuums betreiben.

Zusammenarbeit auf allen Gebieten, vertrauensbildende Maßnahmen, menschliche Erleichterungen, Gewaltverbot, auch hinsichtlich der Grenzen, aber die Möglichkeit friedlicher Veränderbarkeit: Niemandem in unserem Lande kann eine solche Politik auch nur die geringsten Schwierigkeiten bereiten.

Wie die Konferenzergebnisse keine Charta für ein Gesamteuropa darstellen, so schaffen sie auch kein sogenanntes gesamteuropäisches Sicherheitssystem. Die KSZE hat die Machtstruktur in dieser Welt und in Europa nicht verändert. Die Schlußakte ist kein Ersatz für das Atlantische Bündnis. Die Bedrohung durch das militärische Potential der Staaten des Warschauer Pakts besteht ebenso fort wie die gesteigerten Rüstungsanstrengungen der Mitglieder dieses Pakts. Deshalb ist und bleibt die NATO Grundlage unserer Sicherheit. Das Bündnis ist für uns ebenso unverzichtbar wie die Präsenz der Vereinigten Staaten und Kanadas in Europa.

Was es zu sehen gilt, ist der unauflösbare Zusammenhang zwischen Bündnis und Entspannung. Entspannung und vertrauensvolle Zusammenarbeit zwischen Ost und West sind überhaupt nur bei einem militärischen Gleichgewicht der Kräfte möglich. Das heißt: das Bündnis steht nicht nur nicht im Gegensatz zur Entspannung, es ist seine Voraussetzung und Grundlage.

Wer im Westen Entspannung will, muß auch das Bündnis fördern. Von dieser Überzeugung wird sich die Bundesregierung auch in der Nach-KSZE-Phase leiten lassen.

Vor uns liegt ein Dokument, das die Perspektive eröffnet, zu mehr Sicherheit und Zusammenarbeit in Europa zu kommen. Kriterium für die endgültige Bewertung der Konferenz ist und bleibt aber die Durchführung der Beschlüsse. Die Konferenz ist für uns nicht Endpunkt, sondern Ausgangspunkt. Es muß sich nun zeigen, ob sich die Teilnehmerstaaten bei der Durchführung von der gleichen Haltung leiten lassen, die den positiven Abschluß der Konferenz ermöglichte.

Die Bundesregierung ist bereit, das Ihre zur praktischen Durchführung der Konferenzbeschlüsse beizutragen, und sie ist entschlossen, auf diese praktische Durchführung durch alle Teilnehmerstaaten zu drängen. Sie tut das im Verein mit den anderen Staaten der Europäischen Gemeinschaft und im Verein mit ihren Bündnispartnern.

Wir werden die Chance, die diese Konferenz bietet, nur dann nutzen können, wenn Klarheit bei der Bestimmung unserer Ziele, Entschlossenheit und Festigkeit bei ihrer Durchsetzung unser Handeln bestimmen.

Das Dokument als solches birgt keine Gefahren in sich. Gefahren könnten sich nur dann ergeben, wenn Illusionen und nicht der klare Blick für die Realität unser künftiges Handeln bestimmen, wenn wir die Ziele unserer Politik aus den Augen verlieren, wenn ein trügerisches Sicherheitsgefühl den Verteidigungswillen einschläfert und damit der Sicherheit ebenso wie ausgewogener Leistung und Gegenleistung den Boden entzieht. Hier müssen sich Weitblick und Verantwortung der Demokratien bewähren. Wir sollten uns selbst, wir sollten unseren Partnern diese Fähigkeit nicht absprechen.

Ebensowenig aber können wir die gebotenen Möglichkeiten der Konferenz nutzen, wenn wir uns aus mangelndem Selbstvertrauen den Konferenzergebnissen und damit auch ihrer Verwirklichung und Durchsetzung verweigern. Es würde unseren eigenen nationalen Interessen schaden, wenn wir aus der gemeinsamen Haltung unserer Verbündeten und Partner ausscherten. Wir könnten unsere eigenen Interessen als Deutsche und Europäer nicht wahrnehmen, würden wir der Selbstisolierung unseres Landes gegenüber allen anderen Konferenzteilnehmern – einschließlich unserer Verbündeten – den Vorzug geben vor der aktiven Mitgestaltung des Entspannungsprozesses.

Die zustimmende Haltung der Bundesregierung zu den Konferenzergebnissen steht in der Kontinuität der Politik der Friedenssicherung der Bundesrepublik Deutschland. Diese Politik gebietet, die Entspannung zu fördern. Diese Politik gebietet, die Chance der Konferenz für Sicherheit und Zusammenarbeit in Europa illusionslos und mit Festigkeit für die Menschen im geteilten Deutschland, für die Menschen im geteilten Europa und für die Sicherung des Friedens auf dem Kontinent zu nutzen. Die Bundesregierung stellt sich dieser Verantwortung. Wir werden bei der Unterzeichnung in Helsinki nach dieser Einsicht handeln.

Eine Reform der Weltwirtschaftsordnung im Geiste sozialer Marktwirtschaft

Rede vor der 7. Sondergeneralversammlung der Vereinten Nationen über Entwicklung und internationale wirtschaftliche Zusammenarbeit am 2. September 1975

I

Die 7. Sondergeneralversammlung der Vereinten Nationen über Entwicklung und internationale wirtschaftliche Zusammenarbeit tritt vor dem Hintergrund der schwersten wirtschaftlichen Rezession seit 1930 zusammen:

Die Rezession der Weltwirtschaft

Zum ersten Mal in der Nachkriegszeit ist das weltwirtschaftliche Wachstum ins Stocken geraten, zum ersten Mal werden Welthandel und Weltsozialprodukt voraussichtlich sogar zurückgehen. Zum ersten Mal droht unter dem Druck sich auftürmender Zahlungsbilanzdefizite in vielen Entwicklungsländern die Entwicklung zu einem Stillstand zu kommen.

Wachstumsverfall und Arbeitslosigkeit belasten viele Industriestaaten. Sie sind die Folge weltweiter Inflation, die nicht unwesentlich darauf zurückzuführen ist, daß vor allem in den Industriestaaten eine Inflation der Ansprüche an das Sozialprodukt vorausging. Es wurde mehr ausgegeben als erarbeitet.

Es wird der engen Zusammenarbeit aller Staaten bedürfen, um die Weltwirtschaft wieder zu einem kontinuierlichen realen Wachstum zurückzuführen. Bundeskanzler Schmidt hat auf die Notwendigkeit abgestimmten Verhaltens und koordinierter Anstrengungen zur Überwindung der Rezession immer wieder hingewiesen und Vorschläge dafür vorgelegt: Anregungen und Vorschläge, die sich nicht nur auf die Bemühungen innerhalb der Europäischen Gemeinschaft beziehen, sondern die weltweit abgestimmtes Handeln zum Ziel haben.

Die Bundesregierung hat in der vergangenen Woche ein Programm verabschiedet, das zusätzliche öffentliche Ausgaben für Investitionen verbindet mit einer strukturellen Verbesserung der öffentlichen Haushalte auf der Ausgaben- und der Einnahmenseite.

Wir alle wissen, was es bedeutet, wenn wir der Rezession nicht Herr würden: Auf Wachstum und Entwicklung gründet nicht nur die Stabilität unserer Volkswirtschaften; auf ihnen gründet ebenso die Stabilität unserer sozialen und politischen Strukturen, gründet letztlich die Stabilität auch des internationalen Friedens.

Interdependenz heute auch zwischen Industrie- und Entwicklungsländern

Die Rezession hat jedem von uns zu Bewußtsein gebracht, welches Ausmaß die wirtschaftliche Interdependenz der Staaten erreicht hat. Hier zeigt sich eine Folgewirkung des beispiellosen Wachstums der Weltwirtschaft: die ebenso beispiellos gestiegene Abhängigkeit der einzelnen Volkswirtschaften von Entwicklungen und Entscheidungen außerhalb ihrer Grenzen.

Interdependenz bestimmt heute auch die Beziehungen zwischen Industrie- und Entwicklungsländern: Brauchen die Industrieländer Rohstoffe und Öl der Entwicklungsländer, so brauchen diese Kapital, Technologie und Getreide der Industrieländer. Jede Seite braucht für den Absatz ihrer Produkte den Markt der anderen.

Von den Exporten der Entwicklungsländer nehmen 75 Prozent allein die OECD-Länder auf; 20 Prozent sind Austausch zwischen den Entwicklungsländern selbst; 5 Prozent gehen in die Staatshandelsländer.

Das bedeutet: Die Wachstumsraten der marktwirtschaftlichen Industrieländer und die Wachstumsraten der Entwicklungsländer stehen in unauflösbarem Zusammenhang, Verlangsamung des Wachstums in den OECD-Ländern führt über den Rückgang der Einfuhren automatisch auch zur Verlangsamung des Wachstums in den Entwicklungsländern. Wenn es dafür eines Beweises bedarf, so liefert ihn die gegenwärtige Lage.

Interdependenz heißt Zwang zu Kooperation

Beide Seiten also können entweder gemeinsam expandieren oder sie müssen gemeinsam stagnieren. Wer die Wachstumschancen des anderen nicht berücksichtigt, gefährdet auch das eigene Wachstum. Wer durch seine

Politik das Wachstum des anderen gar beeinträchtigt, schadet mit Sicherheit im Endeffekt auch sich selbst.

Für die praktische Politik bedeutet das: Keine Seite kann gewinnen, wenn sie Ansprüche durchsetzt, die mit einem kontinuierlichen Wachstum der Weltwirtschaft unvereinbar sind. Umverteilung vorhandener Güter in einer stagnierenden Wirtschaft führt nicht weiter; Entwicklung läßt sich dauerhaft nur beschleunigen innerhalb einer *expandierten* Weltwirtschaft.

In einer interdependenten Welt führen Konfrontation und einseitiges Handeln ohne Rücksicht auf den anderen unausweichlich dazu, daß am Ende *alle* Parteien verlieren. Interdependenz heißt also Zwang zu Zusammenarbeit und gemeinsamer Verantwortung. Sie bringt aber ebenso eine große Chance: Durch Kooperation können wir heute gemeinsam wirtschaftliches Wachstum und sozialen Fortschritt für alle erreichen. Kooperation muß deshalb heute wie für die Zukunft die Grundlage des Zusammenlebens auf dieser Erde sein.

Wirtschaftsfragen rücken ins Zentrum der Außenpolitik

Das hoffnungsvollste Moment in der gegenwärtigen Situation ist, daß sich – anders als 1930 – die Regierungen dieses Zusammenhangs bewußt sind. Eine ununterbrochene Serie von Wirtschaftsgesprächen und -konferenzen in den letzten beiden Jahren legt dafür Zeugnis ab. Wirtschaftsfragen sind ins Zentrum der internationalen Diplomatie gerückt. Der Ausgleich wirtschaftlicher Interessenkonflikte ist zum Text außenpolitischer Staatskunst geworden.

Die OECD-Länder entwickelten Regeln für kooperatives Verhalten in der Rezession. Sie verpflichteten sich insbesondere, trotz ernster Zahlungsbilanzschwierigkeiten nicht zu Handelsbeschränkungen Zuflucht zu nehmen.

Das Abkommen von Lomé

Die beiden Jahre der Rezession sahen ein erstes, zukunftsweisendes Beispiel für eine vom Geist der Interdependenz getragene Zusammenarbeit von Industrie- und Entwicklungsländern: nämlich das Abkommen von Lomé zwischen der Europäischen Gemeinschaft und 46 afrikanischen, karibischen und pazifischen Staaten. Niemals zuvor hat eine so große Gruppe von Industrie- und Entwicklungsländern den Versuch unternommen, in völliger Gleichberechtigung Rahmenbedingungen für die künftige Zusammenarbeit festzulegen.

Das Abkommen verwirklicht neue Konzeptionen:

- Es gibt zum einen den AKP-Staaten praktisch freien Zugang zum europäischen Markt, während die Europäische Gemeinschaft ihrerseits auf Gegenseitigkeit verzichtet. Diese Konzeption der »einseitigen Freihandelszone«, die von der Bundesrepublik Deutschland von Anfang an mit Nachdruck vertreten wurde, trägt dem Unterschied im Entwicklungsstand zwischen den beiden Partnern Rechnung.
- Das Abkommen errichtet außerdem ein System für die Stabilisierung der Rohstofferlöse der Vertragspartner Afrikas, der Karibik und des Pazifik.
- Es geht schließlich neue Wege in der Förderung der industriellen Kooperation.

Eine ausgewogenere Struktur der Weltwirtschaft

Die vor uns liegende Aufgabe ist nunmehr, den Geist gemeinsamer Verantwortung, wie er in dem Abkommen von Lomé zum Ausdruck kommt, auf die weltweiten Kooperationsverhandlungen zwischen Industrie- und Entwicklungsländern zu übertragen. Es gilt, für die Zusammenarbeit in einer interdependenten Weltwirtschaft eine Struktur zu schaffen, die ausgewogener und gerechter ist. Außenminister Rumor hat sich gestern im Namen der neun Mitgliedstaaten der Europäischen Gemeinschaft zu diesem Ziel bekannt und die aktive und konstruktive Mitwirkung der Gemeinschaft bei seiner Verwirklichung zugesagt. Die Bundesregierung steht zu dieser Zusage.

Die doppelte Aufgabe

Das Ziel der Zusammenarbeit zwischen Industrie- und Entwicklungsländern ist ein doppeltes: Wir müssen zum einen die Weltwirtschaft aus der Rezession heraus- und auf den Pfad des realen Wachstums zurückführen.

Nationale Bemühungen allein reichen dafür nicht mehr aus. Die Synchronisierung der Konjunkturzyklen bedeutet vielmehr, daß Wachstum der eigenen Volkswirtschaft wie Wachstum der Weltwirtschaft insgesamt nur mehr in gemeinsamer Anstrengung und enger Abstimmung zu erreichen ist.

Wir müssen zum andern – und dies ist von entscheidender Bedeutung – den Wachstumspfad so legen, daß er für die Entwicklungsländer steiler als in der Vergangenheit in die Höhe führt. Die Weltwirtschaft muß nicht nur wachsen, sie muß so wachsen, daß sich die Kluft zwischen Industrie- und Entwicklungsländern stetig verringert. Die

Überwindung dieser Kluft ist die große Aufgabe unserer Zeit. An der Bereitschaft und Fähigkeit, diese Aufgabe anzugehen und zu meistern, werden wir gemessen werden: heute und morgen.

Ob wir die Aufgabe lösen, wird letztlich auch davon abhängen, ob die Entwicklungsländer selbst alle Anstrengungen unternehmen, ihre Produktivkräfte zu mobilisieren und sie effizient einzusetzen. Aber auch die Industrieländer können und müssen Hilfe auf allen Gebieten leisten und gemeinsam mit den Entwicklungsländern das Weltwirtschaftssystem so gestalten, daß es dem Ziel beschleunigter Entwicklung möglichst förderlich ist.

Fortentwicklung der Weltwirtschaft setzt Bewahrung des Erreichten voraus

Die Fortentwicklung der Weltwirtschaftsordnung steht im Zentrum unserer Debatte. Ihr Ziel ist ein gerechter Interessenausgleich, ist eine Ordnung, die die Entwicklungsländer voll in die Weltwirtschaft integriert und ihnen endlich den Platz einräumt, der ihnen gebührt. Fortentwicklung setzt Bewahrung des Erreichten voraus.

Niemand sollte übersehen: Die in den ersten Nachkriegsjahren geschaffene Ordnung hat der Welt ein in der Geschichte beispielloses Wachstum von Produktion und Handel gebracht, und sie hat dieses Wachstum nicht nur den Industrieländern, sondern ebenso den Entwicklungsländern ermöglicht. Zwischen 1960 und 1974, also seit Beginn der ersten Entwicklungsdekade, erzielten die Entwicklungsländer eine jährliche Wachstumsrate von fast 6 Prozent, also eine Rate, die über der Zuwachsrate der Industrieländer in dieser Periode liegt.

Allerdings, das Ziel, den Abstand im Pro-Kopf-Einkommen der reichen und armen Länder zu vermindern, wurde nicht erreicht. Der Aufholeffekt des stärkeren

Wachstums der Dritten Welt wurde durch die Bevölkerungsexplosion überkompensiert. Die Bemühungen vieler Entwicklungsländer um eine Verlangsamung des Bevölkerungswachstums werden sicherlich mittelfristig eine positive Wirkung zeigen. Zugleich jedoch müssen wir alle Anstrengungen unternehmen, um ein noch schnelleres Wachstum der Wirtschaft in den Entwicklungsländern zu erreichen.

Hinzu kommt, daß die Wachstumsrate von 6 Prozent eine Durchschnittsrate ist, die die großen Unterschiede zwischen den Raten der einzelnen Entwicklungsländer verdeckt. Insbesondere die am wenigsten entwickelten Länder konnten die Wachstumschancen nur ungenügend nutzen. Auch das muß sich ändern.

Verbesserung der Marktmechanismen – nicht Flucht in Dirigismus

Die Lösung dieser Aufgaben jedoch liegt in der Verbesserung des Wirkens der Marktmechanismen, nicht in der Flucht in einen weltweiten bürokratischen Dirigismus. Die Weltwirtschaftsordnung hat die Aufgabe, die Arbeitsteilung zwischen über 150 Staaten zu koordinieren – souveränen Staaten mit unterschiedlichen Wirtschaftssystemen. Diese komplexe Aufgabe läßt sich allein mit Hilfe des marktwirtschaftlichen Lenkungsprinzips lösen. Es wäre eine gefährliche Utopie, sie durch internationalen Dirigismus lösen zu wollen. Der Versuch, dies zu tun, könnte nur in Lähmung und Ressourcenverschwendung enden.

Auch in der Bundesrepublik Deutschland gab es, als wir aus den Trümmern des Krieges eine neue Wirtschaft aufbauen mußten, eine Diskussion, ob wir den Weg des Marktes gehen sollten, oder ob nicht angesichts der desolaten Verhältnisse dirigistische Lösungen vorzuziehen seien. Wenn wir heute eine hochentwickelte Wirtschaft und eine ausgewogene Sozialstruktur besitzen, so haben wir dies nicht zum wenigsten dem Umstand zu verdanken, daß wir uns damals für den Markt entschieden haben. Nicht zuletzt aus dieser Erfahrung heraus, sagt die Bundesregierung ein uneingeschränktes »ja« zur Reform des Weltwirtschaftssystems, aber sie warnt davor, mit dirigistischen Experimenten die Leistungskraft der Weltwirtschaft zu lähmen. Das würde Industriestaaten und Entwicklungsländer treffen.

Gemeinsamer Nenner für unser Bemühen kann allein die Reform der bestehenden marktwirtschaftlichen Ordnung sein, unabhängig davon, für welches Wirtschaftssystem sich die Mitgliedstaaten der Vereinten Nationen im Inneren entschieden haben. Denn allein diese Ordnung respektiert die Souveränität aller Staaten und sie allein macht weltweite gleichberechtigte Partnerschaft möglich.

Eine »soziale Weltmarktwirtschaft«

Die Reformaufgabe lautet also, die Effizienz des Marktes zu erhalten, aber sie mit wirksamer Hilfe für die Schwachen zu verbinden, es gilt, den Mißbrauch des Marktes durch die Mächtigen zu verhindern, und es gilt, die Chancen der Schwachen zu vergrößern. Was wir erreichen müssen, ist eine Weltmarktwirtschaft, die die Forderung nach gerechtem Interessenausgleich erfüllt. Der Weg dazu führt über ein zusammenhängendes Programm marktkonformer Reformen. Wie sieht dieses Programm aus? Ich nenne die wichtigsten Elemente:

1. Wir müssen die Märkte der Industrieländer stärker als bisher für die Produkte der Entwicklungsländer öffnen; dies gilt besonders auch für die Verarbeitungsprodukte.
2. Wir müssen die Rohstoffexporterlöse der einzelnen

Entwicklungsländer stabilisieren; dies gilt speziell für die am wenigsten entwickelten und von der Krise am härtesten betroffenen Länder.

3. Wir müssen übermäßige Preisschwankungen bei Rohstoffen verhindern.
4. Wir müssen im Interesse der Funktionsfähigkeit und des Wachstums der Weltwirtschaft eine kontinuierliche Rohstoffversorgung sicherstellen.
5. Wir müssen durch industrielle und technische Kooperation die Industrialisierung der Entwicklungsländer beschleunigen.
6. Wir müssen den Technologietransfer von den Industrieländern an die Entwicklungsländer erleichtern und verbessern.
7. Wir müssen die Nahrungsmittelproduktion in den Entwicklungsländern nachhaltig steigern.
8. Wir müssen den Kapitaltransfer in die Entwicklungsländer, und insbesondere in die ärmsten unter ihnen, mit allen Mitteln verstärken.
9. Wir müssen das Weltwährungssystem so ordnen, daß es dem Wachstum von Welthandel und Weltwirtschaft und Erhaltung des Geldwertes möglichst förderlich ist.

II

Zu diesen Vorschlägen im einzelnen:

Öffnung der Märkte

Die Öffnung der Märkte der Industrieländer soll den Entwicklungsländern einen steigenden Anteil am Welthandel sichern.

Die Bundesregierung setzt sich deshalb für einen Abbau tarifärer und nicht-tarifärer Handelshemmnisse ein und wirkt im Rahmen der Europäischen Gemeinschaft bei den laufenden GATT-Verhandlungen darauf hin, den Zugang der Entwicklungsländer zu den Importmärkten der Industrieländer weiter zu verbessern. Ich weise in diesem Zusammenhang darauf hin, daß mein Land in den Pro-Kopf-Einfuhren aus den Entwicklungsländern in der Spitzengruppe der marktwirtschaftlichen Länder liegt und daß diese Einfuhren das Zehnfache der entsprechenden Pro-Kopf-Einfuhren der Staatshandelsländer betragen.

Weiterer Zollabbau insbesondere auch für die Verarbeitungsprodukte der Entwicklungsländer

Der dynamischste Sektor des Welthandels ist der Austausch von Industriegütern. Hier also liegen die größten Chancen für die Steigerung der Exporte der Entwicklungsländer, und hier insbesondere müssen sich die Märkte der Industrieländer für die Entwicklungsländer noch weiter als bisher öffnen. Es ist nicht länger vertretbar, daß trotz vieler Verbesserungen die bestehenden Zollsätze in den Industrieländern im allgemeinen niedriger für Rohstoffe sind als für Halb- und Fertigwaren. Das benachteiligt die Fertigwarenausfuhren der Entwicklungsländer. Ein wichtiges Ziel muß es daher sein, diese progressiv gestaffelten Zölle abzubauen. Darüber hinaus gilt es, die Präferenzen für die Industriegütereinfuhren aus den Entwicklungslkändern weiter auszubauen und zu verbessern.

Die Bundesrepublik Deutschland war und ist bei der Öffnung der Märkte zugunsten der Verarbeitungsprodukte der Entwicklungsländer Vorreiter. Als dynamische Volkswirtschaft sieht sie die Intensivierung der internationalen Arbeitsteilung als auch im eigenen Interesse liegend an. Die Bundesrepublik Deutschland ist daher in der Öffnung der Märkte für die Industriegüter der Entwicklungsländer stets mit eigenem Beispiel vorangegangen. Ihre Einfuhren von Halb- und Fertigwaren aus den Entwicklungsländern stiegen 1973 um nicht weniger als 56 Prozent. Sie stiegen zugleich wesentlich schneller als die entsprechenden Einfuhren aus den Industrieländern; der Anteil der Entwicklungsländer an den Gesamteinfuhren von Verarbeitungsprodukten verdoppelte sich zwischen 1972 und 1974.

Dies gilt für alle Industrieländer gleich welcher Wirtschaftsordnung

Diese Marktöffnung – eben nicht nur für Rohstoffe, sondern gerade auch für Verarbeitungsprodukte der Dritten Welt – ist nach Ansicht der Bundesregierung eine der wirksamsten Hilfen, die die Industrieländer den Entwicklungsländern leisten können. Alle Industrieländer, gleich welcher Wirtschaftsordnung sie angehören, sollten alles tun, um diese Öffnung zu verwirklichen.

Die Europäische Gemeinschaft hat als erstes Wirtschaftsgebiet ein allgemeines Zollpräferenzsystem für die Verarbeitungsprodukte der Entwicklungsländer eingeführt und dieses System ständig erweitert und verbessert. Die Gemeinschaft ist entschlossen, diesen Weg konsequent weiterzugehen. Sie hält es ferner für notwendig, das Präferenzsystem über 1980 hinaus fortzuführen.

Stabilisierung der Rohstoffexporterlöse

Die meisten Entwicklungsländer sind für ihre Deviseneinnahmen und für ihre Haushaltseinnahmen von Rohstoffexporten abhängig. Stabilität und Steigerung der

Rohstoffexporterlöse sind für diese Länder deshalb ein vitales Ziel. Die Bundesrepublik Deutschland ist sich der Bedeutung dieses Ziels bewußt und unterstützt es.

Die Bundesregierung hält es für erforderlich, insbesondere den am wenigsten entwickelten und den von der Krise am meisten betroffenen Ländern zu stabileren Exporterlösen zu verhelfen. Sie hat deshalb – wie bekannt – im Rahmen einer Sondersitzung des Bundeskabinetts am 9. Juni 1975 den inzwischen vom Internationalen Währungsfonds akzeptierten Vorschlag unterbreitet, einen Teil des IWF-Goldes zu verkaufen und den Verkaufserlös zu verwenden, um diesen Ländern Kredite zu günstigen Bedingungen zur Verfügung zu stellen, wenn die Erlöse aus ihren Rohstoffexporten zurückgehen. Die Bundesregierung sieht in der Bereitstellung von einem Sechstel des IWF-Goldes einen ersten Schritt in der richtigen Richtung. Sie hält den Umfang angesichts der vor uns stehenden Probleme noch nicht für ausreichend. Sie wird sich deshalb um eine Ausweitung des Volumens bemühen.

Eine flexible Handhabung dieses Instruments würde seine Wirksamkeit erhöhen. Dies gilt für die Kreditbedingungen ebenso wie für die Laufzeit und die Möglichkeit, unter besonderen Voraussetzungen die Rückzahlung zu erlassen.

Maßnahmen der Erlösstabilisierung haben bei Rohstoffen, die sowohl von Entwicklungsländern wie von Industrieländern ausgeführt werden, den Vorteil der Zielgenauigkeit. Sie kommen allein den Entwicklungsländern zugute und vermeiden so den widersinnigen Effekt, daß rohstoffexportierende *Industrie*länder auf Kosten rohstoff*importierender* Länder – Industrie- ebenso wie Entwicklungsländer – zusätzliche Einnahmen erhalten.

Die Bundesregierung setzt sich ferner dafür ein, das

bestehende System der kompensatorischen Finanzierung des Internationalen Währungsfonds quantitativ und qualitativ zu verbessern.

Verhinderung übermäßiger Preisschwankungen

Neben dem Ziel der *Erlös*stabilisierung bei Rohstoffen unterstützt die Bundesregierung auch das Ziel, übermäßige Schwankungen der Rohstoffpreise zu verhindern. Dies liegt ebenso im Interesse der Verbraucher wie der Erzeuger. Die Bundesregierung ist daher bereit, internationale Rohstoffabkommen dort ins Auge zu fassen, wo sie

- sich zur Vermeidung übermäßiger Preisschwankungen auf einem Rohstoffmarkt eignen,
- wo sie Preise halten, die geeignet sind, Angebot und Nachfrage langfristig auszugleichen und
- wo die Kosten in einem vertretbaren Verhältnis zum Nutzen stehen.

Die Bundesrepublik Deutschland ist Mitglied aller Rohstoffabkommen und hat an allen entsprechenden Verhandlungen aktiv mitgewirkt. Die Bundesregierung wird dies auch weiterhin tun. Sie ist an einem Höchstmaß an Wirksamkeit der Abkommen interessiert und begrüßt es deshalb, daß jetzt Hoffnung besteht, daß der Kreis der Teilnehmerstaaten an den bestehenden Abkommen größer wird.

Ziel unserer Bemühungen ist ein Preis, der lohnend für die Erzeuger und angemessen für die Verbraucher ist und der auf diese Weise ein langfristiges Gleichgewicht zwischen einem expandierenden Angebot und einem expandierenden Verbrauch herbeiführt. Die Bundesregierung akzeptiert langfristig steigende Preistrends, wenn diese der Entwicklung von Angebot und Nachfrage entsprechen.

Künstlich überhöhte Rohstoffpreise schaden auch den Rohstoffproduzenten

Sie würde aber den Versuch für bedenklich halten, Rohstoffpreise künstlich über dem langfristigen Gleichgewichtspreis zu fixieren. Ein solch überhöhter Preis bedeutet Überproduktion und läßt sich daher nur durch Produktions- und Exportbeschränkung aufrechterhalten. Eine solche Nichtausnutzung oder gar Stillegung von Kapazitäten ist jedoch in einer Welt der Knappheit globalökonomisch nicht sinnvoll.

Bei den meisten der zur Debatte stehenden Rohstoffe scheint es darüber hinaus fraglich, ob sich überhöhte Preise längerfristig überhaupt für die Produzenten selbst auszahlen, denn überhöhte Preise bedeuten: Rückgang der Nachfragen, Substitution durch Ausweichprodukte, Eintritt neuer Produzenten in die Märkte, und das heißt oft: neuer Produzenten auch und gerade aus den Industrieländern. Am Ende könnten für die ursprünglichen Produzenten sinkende, nicht steigende Exporterlöse stehen und für die Weltwirtschaft insgesamt die Verdrängung kostengünstiger durch kostenungünstige Produktion.

Rohstoffe schließlich werden auch von Entwicklungsländern importiert, direkt und – in Form von Fertigwaren – indirekt. Umgekehrt sind bei vielen Rohstoffen auch Industrieländer Exporteure und sogar Hauptexporteure. Ressourcentransfer über überhöhte Rohstoffpreise würde also auch Entwicklungsländer belasten und einige Industrieländer in großem Umfang begünstigen.

Keine Indexbindung der Rohstoffpreise

Die hier angedeuteten Probleme würden in voller Schärfe ebenso bei der Indexbindung der Rohstoffpreise an die Importpreise der Entwicklungsländer auftreten. Auch dies wäre ja ein Versuch, Preise unabhängig vom langfristigen Marktgleichgewichtspreis festzulegen. Dabei würden zusätzliche Probleme entstehen: die Aufgabe, eine gerechte Indexformel zu finden, ist schon in der Theorie nicht lösbar. In der Praxis würde der Versuch, die indexierten Preise durchzusetzen, eine Lawine dirigistischer Maßnahmen nach sich ziehen. Eine globale Indexformel würde zudem die relativen Preise der einzelnen Rohstoffe ohne Rücksicht auf die Produktivitätsentwicklung zementieren.

Marktwirtschaftliche Lösung

Aus all diesen Überlegungen heraus ist die Bundesregierung überzeugt, daß das Ziel, die Rohstoffexporterlöse der Entwicklungsländer zu steigern, nicht durch administrierte Preise, sondern auf marktwirtschaftlichem Weg verwirklicht werden muß: nämlich über die Steigerung der Produktivität und damit des Gewinns, über die Steigerung des Absatzes, über vermehrte Einschaltung in die Vermarktung, über das Hineingehen in die ersten Verarbeitungsstufen, und schließlich da – wo die Kostenstruktur des Erzeugerlandes keine lohnende Produktion mehr zu Marktgleichgewichtspreisen zuläßt – über entschlossene Diversifizierung.

In diesen Bereichen liegen für viele Entwicklungsländer große, noch ungenutzte Möglichkeiten. Die Bundesregierung ist bereit und interessiert, bei ihrer Nutzung tatkräftige Hilfe zu leisten. Sie wird insbesondere auch die Verarbeitung der Rohstoffe an Ort und Stelle fördern.

Sicherung der Rohstoffversorgung

Das Problem, die Rohstoffversorgung zu sichern, dürfen wir auch in der jetzigen Situation der Stagnation und des rückläufigen Rohstoffverbrauchs nicht aus dem Auge verlieren. Denn die von uns angestrebte Expansion der Weltwirtschaft und eine rapide wachsende Bevölkerung führen zu steigendem Rohstoffverbrauch. Wir müssen deshalb rechtzeitig für ausreichende Produktionskapazitäten sorgen. Das bedeutet Exploration neuer Rohstoffvorkommen, Erschließung dieser Vorkommen und Schaffung der Infrastruktur, um sie zum Markt transportieren zu können. Diese Aufgabe einer kontinuierlichen Rohstoffversorgung kann nur durch Kooperation zwischen Industriestaaten und Entwicklungsländern gelöst werden. Kooperation heißt Partnerschaft. Kooperation verhindert, daß die Rohstoffe eines Entwicklungslandes von einem anderen Land ausgebeutet werden, ohne daß das Ursprungsland dadurch in seiner Entwicklung tatsächlich gefördert wird.

Das Problem einer kontinuierlichen Rohstoffversorgung könnte für eine Reihe von Rohstoffen, und nicht nur für Getreide, in der Tat zur entscheidenden Frage werden. Wie wir die notwendige Zusammenarbeit zwischen Industriestaaten und Entwicklungsländern in finanzieller und organisatorischer Hinsicht organisieren können, wie wir dafür neue geeignete Formen schaffen, das sollte nach Ansicht der Bundesregierung in den Rohstoffgesprächen zwischen Industrieländern und Entwicklungsländern einen angemessenen Platz erhalten. Gegenstand dieser Gespräche muß auch sein, wie eine parallele Entwicklung von Rohstoffproduktion und Industrialisierung in den Entwicklungsländern erreicht werden kann. Ohne eine solche Parallelität der Entwicklung stehen die Entwicklungsländer ständig vor der Gefahr schwerer wirtschaftlicher Rückschläge – dann nämlich, wenn ihre Rohstoffquellen versiegen oder wenn die technologische Entwicklung ihren Rohstoff überflüssig macht.

Beschleunigung der Industrialisierung

Auf der zweiten UNIDO-Konferenz in Lima hat sich die Bundesregierung zu dem Ziel bekannt, die Industrialisierung der Entwicklungsländer zu beschleunigen. Sie wird an der Verwirklichung dieses Ziels aktiv mitarbeiten.

Industrialisierung der Entwicklungsländer bedeutet Strukturwandel der Weltwirtschaft. Für strukturschwache Branchen in den Industrieländern heißt dies oft schmerzhafte Anpassung. Jede Regierung muß darauf bedacht sein, diese Anpassung in geordneten Bahnen ablaufen zu lassen. Die Bundesregierung war jedoch stets davon überzeugt, daß marktbedingter Strukturwandel nicht durch Erhaltungssubventionen aufgehalten werden darf. Er ist vielmehr zu erleichtern, indem Arbeitskräften und Investoren Hilfe dabei gegeben wird, von strukturschwachen in zukunftsweisende Branchen überzuwechseln. Ich brauche nicht zu betonen, daß diese Aufgabe für eine wachsende Wirtschaft leichter zu lösen ist als für eine rezessive. Auch in diesen Bereichen hängen Wachstum der Industrieländer und Verwirklichung der Ziele der Entwicklungsländer eng zusammen.

Verbesserung des Technologietransfers

Im Zusammenhang mit der Industrialisierung der Dritten Welt und mit der Beschleunigung des Entwicklungsprozesses überhaupt ist sich die Bundesregierung der bedeutenden Rolle bewußt, die Wissenschaft und Technologie bei der Verwirklichung dieser Ziele übernehmen müssen.

Die Bundesregierung ist daher bemüht, in partnerschaftlicher Zusammenarbeit im bilateralen wie multilateralen Rahmen die wissenschaftlich-technologische Infrastruktur der Entwicklungsländer zu stärken. Diese Stärkung der Infrastruktur soll die Aufnahmefähigkeit der Entwicklungsländer für Technologie erweitern. Sie soll die Entwicklungsländer vor allem auch in die Lage versetzen, übernommene Technologie kreativ weiterzuentwickeln und sie an die Gegebenheiten der eigenen Volkswirtschaft anzupassen. In vielen Bereichen wird es dabei darauf ankommen, kapitalintensive Produktionsmethoden der Industrieländer durch ebenso moderne, aber arbeitsintensive Methoden zu ersetzen.

Die Bundesregierung ist ferner bestrebt, die Rahmenbedingungen für den Technologietransfer zu verbessern. Sie wird im Rahmen der Welthandelskonferenz an der Ausarbeitung eines internationalen Verhaltenskodexes für den Technologietransfer konstruktiv mitwirken.

Rechtssicherheit für Auslandsinvestitionen

Beschleunigung der Industrialisierung und Verstärkung des Technologietransfers – beide Ziele werden häufig allein durch industrielle Kooperation zwischen Entwicklungsländern und Firmen der marktwirtschaftlichen Industrieländer zu verwirklichen sein. In einem Teil der Fälle wird dabei eine finanzielle Beteiligung der Firmen an gemeinsamen Unternehmungen auch von den Entwicklungsländern gewünscht werden. Die Bundesregierung fördert diese industrielle Kooperation durch finanzielle und steuerliche Hilfen und durch die Übernahme von Garantien. Entscheidend aber ist letztlich, welche Bedingungen die Entwicklungsländer selbst für diese Zusammenarbeit schaffen. Es kommt hierbei vor allem auf zwei Dinge an: Gegenseitiges Vertrauen und langfristige Rechtssicherheit, und das heißt Sicherheit durch Völkerrecht. Formen für die industrielle Kooperation zu schaffen, die beiden Bedingungen gerecht werden, ist eine Aufgabe von entscheidender Wichtigkeit für das Entwicklungsziel.

Ich erinnere in diesem Zusammenhang an einen Vorschlag, den der damalige Bundesfinanzminister und heutige Bundeskanzler Helmut Schmidt schon 1974 gemacht hat: die Ausarbeitung von Leitlinien über die Tätigkeit von multinationalen Gesellschaften und für ihre Zusammenarbeit mit den Regierungen der Gastländer. Die notwendigen Arbeiten dafür sollten bald aufgenommen werden.

Steigerung der Nahrungsmittelproduktion

Die Steigerung der Nahrungsmittelproduktion der Entwicklungsländer muß insbesondere für Länder mit Nahrungsmitteldefizit vorrangiges Ziel sein. Nach den der Welternährungskonferenz vorgelegten Schätzungen wird der Bedarf an Nahrungsmitteln in den Entwicklungsländern um jährlich 3,6 Prozent zunehmen, ihre Produktion dagegen nur um 2,6 Prozent. Angesichts dieser beängstigenden Zukunftsperspektive müssen Industrieländer und Entwicklungsländer intensiv zusammenarbeiten, um als Nahziel zu erreichen, daß sich die bereits gegenwärtig unzureichende Nahrungsmittelversorgung der Menschen in der Dritten Welt zumindest nicht noch weiter verschlechtert. Die Ernährungsprobleme der Defizitländer können auf Dauer nur durch Ausdehnung der eigenen Nahrungsmittelproduktion gelöst werden. Die Bundesregierung räumt deshalb der Hilfe für die Produktionssteigerung Vorrang ein. Sie wird darüber hinaus ihre Nahrungsmittelhilfe fortsetzen.

Die Bundesregierung bekennt sich auch zu den von der

FAO vorgeschlagenen Grundsätzen für eine »internationale Verpflichtung zur Sicherung der Welternährung«. Sie tritt daher dafür ein, daß bereits vorhandene oder gegebenenfalls zu schaffende nationale Getreidevorratslager im Rahmen internationaler Vereinbarungen koordiniert werden, um voraussehbare größere Versorgungslücken schließen zu helfen. Wichtige Voraussetzung für die Welternährungssicherung ist jedoch, daß die zu erwartenden Ernteergebnisse sowie die Einfuhrbedürfnisse für Grundnahrungsmittel rechtzeitig bekannt werden, denn nur dann lassen sich gezielte Maßnahmen ergreifen, um Versorgungsengpässe zu vermeiden. Die Bundesregierung hat daher ihre Teilnahme an dem weltweiten Informations- und Frühwarnsystem für Ernährung und Landwirtschaft zugesagt. Sie würde es begrüßen, wenn die siebte Sondergeneralversammlung dazu aufforderte, daß alle Länder sich an diesem System beteiligen und ebenso die »Internationale Verpflichtung zur Sicherung der Welternährung« unterzeichnen.

Verstärkung des Kapitaltransfers

Auch wenn in der künftigen Entwicklungsstrategie dem Handel eine noch bedeutendere Stellung zukommen wird als bisher, so wird doch der direkte Kapitaltransfer weiterhin ein unentbehrliches und zentrales Element in der Zusammenarbeit zwischen Industrieländern und Entwicklungsländern bleiben.

Die Bundesregierung ist sich bewußt, daß eine Verstärkung des Kapitalzuflusses – und zwar aus öffentlichen wie aus privaten Mitteln – eine wesentliche Voraussetzung dafür ist, daß die Entwicklungsländer die nötigen Wachstumsraten erreichen können. Dies gilt ganz besonders für die am wenigsten entwickelten Länder, die von den Verbesserungen im Handelsbereich in der Regel begrenzteren Nutzen ziehen werden als jene Länder, die reich an wichtigen Rohstoffen sind oder bereits über eine industrielle Basis verfügen.

Die öffentlichen Leistungen der Bundesrepublik sind auch in dem schwierigen Jahr 1974 gestiegen. Die Bundesregierung wird auch in Zukunft ihrer Verantwortung gerecht werden. Aber wir alle müssen wissen: Die Möglichkeit der Leistungssteigerung hängt für die Bundesrepublik Deutschland und auch für die anderen Industrieländer weitgehend ab von einer Überwindung der Weltrezession.

Hilfezusagen der Bundesrepublik Deutschland haben dank der entschlossenen Stabilitätspolitik der Bundesregierung einen stabilen Wert. So stieg der Index der deutschen Exportpreise in diesem Jahr nur wenig an. Unsere Stabilitätspolitik kommt damit auch den Entwicklungsländern zugute.

In den beiden letzten Jahren sind dieÖlländer als wichtige neue Geberländer aufgetreten. Die Mobilisierung von Investitionskapital dieser Länder kann für die angestrebte Steigerung der Gesamthilfe einen ganz wesentlichen Beitrag leisten. Für die Effizienz dieses Beitrags könnte eine Zusammenarbeit von Ölländern und Industrieländern von Nutzen sein, die den Zweck hätte, Projekte gemeinsam zu finanzieren und gemeinsam ihre technische Planung und Durchführung zu übernehmen. In einigen Ländern wurden für eine solche Dreieckskooperation bereits erste Formeln entwickelt. Wir würden es begrüßen, wenn es gelänge, hier die Zusammenarbeit noch zu intensivieren.

Neben der Steigerung des Volumens müssen auch die Bedingungen des Kapitaltransfers weiter verbessert werden. Die Kredite der Bundesrepublik Deutschland hatten 1974 einen Zinssatz von durchschnittlich 1,85 Prozent. Die Bundesregierung vergibt dabei ihre Kredite an die von der wirtschaftlichen Krise am meisten betroffenen Länder zu IDA-Bedingungen, das heißt also zu einem Zinssatz von 0,75 Prozent und einer Laufzeit von 50 Jahren.

Neuordnung des internationalen Währungssystems

Als ein wichtiges Problem betrachtet die Bundesregierung auch die Neuordnung des internationalen Währungssystems. Sie tritt dafür ein, die Sonderziehungsrechte des Weltwährungsfonds in zunehmendem Maße zum Mittelpunkt des Währungssystems zu machen und die Rolle nationaler Währungen und des Goldes als Reservemedien entsprechend zu verringern.

Die internationale währungspolitische Zusammenarbeit muß auf der Grundlage einer ausgewogenen Verteilung von Rechten und Pflichten aller Staaten ruhen. Die Bundesregierung begrüßt deshalb die geplante Verdoppelung des Quotenanteils der Ölländer am Weltwährungsfonds von 5 auf 10 Prozent. Diese Verdoppelung entspricht der stark gestiegenen Bedeutung und Verantwortung dieser Länder für das Weltwährungssystem. Der Quotenerhöhung entspricht eine Reduzierung der Quote der Industrieländer. Der Einfluß der Entwicklungsländer insgesamt im internationalen Währungsfonds vergrößert sich so.

Die Bundesregierung wird ferner zu der Zinsverbilligung der Ölfazilität des Internationalen Währungsfonds beitragen. An der Ölfazilität selbst beteiligt sich die Deutsche Bundesbank mit 300 Millionen Sonderziehungsrechten.

III

Die Schaffung von Wirtschaftsbeziehungen zwischen den Entwicklungsländern und den Industriestaaten, die ausgewogener und gerechter sind, kann nicht auf einen Schlag in einer Konferenz erreicht werden. Sie ist ein Prozeß, der die Weltpolitik auch in den kommenden Jahren bestimmen wird.

Ein gerechter Interessenausgleich

Die Bundesregierung beteiligt sich an diesem Prozeß mit dem aufrichtigen Willen zu Partnerschaft und Zusammenarbeit. Sie wünscht und sie fördert den Dialog zwischen Industrieländern und Staaten der Dritten Welt mit dem Ziel, einen *gerechten Interessenausgleich* zu erreichen. Wir wollen über den Dialog hinaus zu gemeinsamen konkreten Aktionen kommen. Nutzen wir alle unsere Möglichkeiten, nutzen wir unsere bilateralen Beziehungen, nutzen wir die Zusammenarbeit in den internationalen Organisationen, nutzen wir alle Begegnungen zwischen unseren Völkern, um die Irrtümer der Vergangenheit zu überwinden und weltweit eine bessere Ordnung der ökonomischen Beziehungen zu finden. In dieser Ordnung müssen wir uns alle als gleichberechtigte Partner verstehen. Erkennen wir vor allen Dingen, daß in einem Zustand gegenseitiger Abhängigkeit nicht nur der eigene Vorteil und das eigene Wohlergehen wichtig sind, sondern auch der Vorteil und das Wohlergehen der anderen.

Wirtschaftliche Macht ist immer wieder mißbraucht worden, nicht anders als politische und militärische Macht auch. Es ist Aufgabe der Vereinten Nationen, solchen Mißbrauch in allen seinen Formen zu überwinden. Wer Macht besitzt, darf nicht auch die Freiheit besitzen, sie unbeschränkt auszuüben. Eine auf faire Zusammenarbeit ausgerichtete Ordnung der Weltwirtschaft bedarf deshalb klarer Spielregeln und vor allem der Möglichkeiten, sie auch durchzusetzen.

Nur durch Zusammenarbeit lassen sich die Probleme lösen

Die ökonomische Leistungsfähigkeit aller Staaten der Erde zusammen genommen, so groß sie auch sein mag, ist doch nicht unbegrenzt. Vielleicht reicht sie gerade aus, um die großen Probleme der Menschheit am Ende des 20. Jahrhunderts zu lösen, und das heißt Unterentwicklung, Hunger, Krankheit und Armut zu überwinden. Aber eines steht fest: Unsere gesamte wirtschaftliche Leistungsfähigkeit wird nicht ausreichen, wenn die einzelnen Staaten ihr ökonomisches Potential gegeneinander einsetzten, statt füreinander und für eine gemeinsame friedliche Entwicklung. Wir haben in dieser Sondergeneralversammlung den Schlüssel zu einer besseren Zusammenarbeit in der Hand. Lassen wir diese Chance nicht ungenutzt vorübergehen.

Außenpolitik im Zeitalter weltweiter Interdependenz

Rede vor der 30. Generalversammlung der Vereinten Nationen am 24. September 1975

Seit der Gründung der Vereinten Nationen ist ein Zeitraum vergangen, den wir gewöhnlich mit einer Generation gleichsetzen. Dies mag mehr als sonst ein Anlaß sein, sich zu vergegenwärtigen, was die Vereinten Nationen in diesen drei Jahrzehnten schon erreicht haben und was sie noch zu tun haben.

Ich freue mich, als Vorsitzenden der Vollversammlung den Ministerpräsidenten eines Landes zu sehen, das nicht nur dem meinen in enger Freundschaft verbunden ist, sondern das mit seiner Weltoffenheit und seiner Bereitschaft zur internationalen Kooperation beispielhaft ist.

Der Geist, mit dem Ihr Land und Sie persönlich, Herr Präsident, in Europa und in der Welt an der Kooperation aller teilnehmen, ist vorbildlich und verpflichtend. Ich darf Ihnen zu Ihrem verantwortungsvollen Amt von Herzen Glück wünschen. Ich verbinde mit diesem Glückwunsch den Dank an den scheidenden Präsidenten, den Außenminister Algeriens, Herrn Bluteflika, der in einer sehr schwierigen Phase der VN-Geschichte dieses Amt geführt hat.

Fundamentale Veränderung der Welt seit Gründung der Vereinten Nationen

In den ersten dreißig Jahren der Vereinten Nationen vollzog sich eine fundamentale Veränderung der Welt, von der auch diese Organisation selbst nicht ausgenommen war.

Uns allen ist das graphische Bild der Bevölkerungsexplosion vertraut: eine Kurve, die über Jahrtausende fast horizontal verläuft, dann anzusteigen beginnt und Mitte unseres Jahrhunderts plötzlich fast vertikal in die Höhe geht. Nicht anders verlaufen die Kurven für das Wachstum der Wissenschaft und Technologie, der Produktion und des Konsums, des Welthandels und des Verkehrs und – nicht zuletzt – der Zerstörungskraft der Waffen. Überall beschleunigte sich die Entwicklung explosionsartig.

In derselben Zeit verdreifachte sich die Zahl der Staaten. Aus 51 Mitgliedern unserer Organisation wurden über 140. Aus der starren Ordnung des bipolaren Gegenübers zweier Blöcke wurde eine komplexe multipolare Welt, in der mannigfaltige Kräfte und Bemühungen sich Geltung verschaffen.

Die Vereinten Nationen reflektieren diesen Prozeß sehr genau. Nichts hat ihre Entwicklung mehr beeinflußt als das Erscheinen der Dritten Welt als eigenständiger Faktor der Weltpolitik, befreit von kolonialer Abhängigkeit, mit gleichen Rechten und Pflichten wie alle anderen Staaten.

Das Entstehen einer globalen Interdependenz

Über alle Unterschiede der Zielvorstellungen hinweg finden sich die Staaten unserer Welt immer mehr zu einer Schicksalsgemeinschaft zusammengeschmiedet. Die ins Unmeßbare gewachsene Zerstörungskraft der Waffen hat ein einziges, globales Sicherheitsinteresse erzeugt; die sprunghaft angestiegene Produktivkraft eine einzige globale Wirtschaft geschaffen.

Die Gewährleistung von Sicherheit und die Gewährleistung von wirtschaftlichem Wachstum und Stabilität kann heute kein Staat mehr in Isolation lösen. Ob es um die Vermeidung einer nuklearen Katastrophe, um die Bekämpfung des internationalen Terrorismus, um die Überwindung von Inflation und Rezession, um die Erhaltung der Lebensbedingungen auf unserem Planeten geht: überall übersteigen die Aufgaben die Möglichkeiten des einzelnen Staates, überall sind Lösungen nur im Zusammenwirken aller Staaten und Staatengruppen erreichbar.

Die Probleme sind global geworden. Der unaufhaltsame Trend zu immer engerer wechselseitiger Abhängigkeit der Staaten ist das Kennzeichen des neuen Zeitalters, ist der Zug der Weltgeschichte. Zum ersten Mal geht die Menschheit insgesamt einer gemeinsamen Zukunft entgegen: gemeinsamem Überleben oder gemeinsamem Untergang, gemeinsamer Prosperität oder gemeinsamem Niedergang. Es gilt für die Welt insgesamt ein ehernes Gesetz der Interdependenz: die Teile können nicht gedeihen, wenn das Ganze nicht gedeiht.

Gemeinsamer Fortschritt oder gemeinsames Chaos

Erkenntnis und Anerkenntnis dieser Entwicklung brechen sich Bahn. Zeichen dafür sind: die enge Zusammenarbeit der OECD-Länder zur Überwindung der weltwirtschaftlichen Krise, der konstruktive Konsensus der 7. Sondergeneralversammlung mit dem Versuch eines gerechten Interessenausgleichs zwischen Industrie- und Entwicklungsländern, die Bekräftigung des Willens zur Entspannung und Kooperation zwischen Ost und West auf der Konferenz über Sicherheit und Zusammenarbeit in Europa und die Aufnahme des europäisch-arabischen Dialogs.

Wir alle wissen: Wir haben nur die Alternative zwischen gemeinsamem Fortschritt und gemeinsamem Chaos. Uns ist es aufgegeben, entschlossen den Kurs der Zusammenarbeit zu wählen und die Grundlagen für diese Zusammenarbeit, die die Vereinten Nationen bisher geschaffen haben, konsequent weiterzuentwickeln.

Politik der Kooperation und des Interessenausgleichs

Die Aufgabe ist: das Bewußtsein der Interdependenz und als Konsequenz daraus die Politik der Kooperation endgültig durchzusetzen gegen die mächtigen Gegenkräfte traditioneller Doktrinen und Ideologien, durchzusetzen nach außen und nach innen. Denn es ist notwendig, daß auch die einzelnen Menschen in unseren Staaten das Verständnis für die neuen Zwänge der Interdependenz entwickeln und daß sie den Willen zu internationaler Solidarität aufbringen.

Die Möglichkeiten der Regierungen zu solidarischer Politik reichen nur soweit, wie die Einsicht ihrer Bürger und ihre Bereitschaft reicht, eine solche Politik zu tragen. Die gegenwärtige Krise der Weltwirtschaft bietet uns die Chance, aus den dargestellten Einsichten die notwendigen Schlüsse zu ziehen.

Fals wäre es, wenn sich die wohlhabenden Länder in eine Attitüde des »rette sich, wer kann« flüchten würden.

Falsch wäre es, wenn der Ausweg aus den Schwierigkeiten des Entwicklungsprozesses in einer Zerschlagung und nicht in einer Fortentwicklung des Weltwirtschaftssystems gesehen würde, und ebenso falsch wäre es, wenn sich ein Teil der Staatengemeinschaft mit dem Hinweis auf die koloniale Vergangenheit anderer und die – vermeintlich oder tatsächlich – nicht-koloniale eigene Vergangenheit von der weltweiten notwendigen Solidarität zwischen Industrieländern und Entwicklungsländern ausschließen würde.

Die Tatsache der Interdependenz begründet das Postulat eines universalen Gemeinwohls. Daran haben wir uns in unserem Handeln zu orientieren, und der Weg dorthin kann nur die Politik des gerechten Interessenausgleichs sein.

Die Aufgaben unserer Zeit

Trotz aller Rückschläge und Katastrophen war unser Jahrhundert bisher auch ein Jahrhundert des beispiellosen Fortschritts für die Menschheit. Die Aufgaben, die an uns in unserer klein gewordenen Welt gestellt werden, sind außerordentlich – durch ihre Neuartigkeit ebenso wie durch ihre Größe. Aber außerordentlich und ohne Beispiel in der Geschichte sind auch die Mittel, die uns zu ihrer Erfüllung zur Verfügung stehen. Wenn wir diese Mittel in rationaler Zusammenarbeit einsetzen und sie nicht in irrationalem Konflikt vergeuden, werden wir die Aufgaben lösen.

Die Gründer der Vereinten Nationen setzten der Welt die drei großen Ziele unserer Charta: die Sicherung des Friedens, die Achtung der Menschenrechte und des Selbstbestimmungsrechts und die Förderung des wirtschaftlichen und sozialen Fortschritts.

Was 1945 Ahnung war, ist heute Wirklichkeit: die globale Interdependenz der *einen* Welt.

Die drei großen Forderungen unserer Zeit sind:

- wir müssen weiterschreiten von wirtschaftlichem Egoismus zu einer weltweiten tragfähigen Ordnung der Kooperation unter Gleichen;
- wir müssen weiterschreiten von der Proklamation der Menschenrechte zu ihrer weltweiten Durchsetzung und zur Verwirklichung des Selbstbestimmungsrechts, wo immer dieses noch verweigert wird;
- wir müssen weiterschreiten von der Eindämmung der Krisen zu einem gerechten und dadurch dauerhaften Frieden.

I

Eine tragfähige Ordnung der wirtschaftlichen Zusammenarbeit

Die eben zu Ende gegangene 7. Sondergeneralversammlung hat einen hoffnungsvollen Beginn gesetzt in unserem Streben nach einer Ordnung der wirtschaftlichen Zusammenarbeit unter Beachtung der einfachen Erkenntnis, daß wir alle in einem Boot sitzen. In ihren sehr intensiven, aber sachlichen Verhandlungen war die Versammlung ein Beispiel weltweiten Kooperationswillens. Das wird den Weg zu einem gerechten Interessenausgleich erleichtern.

Für zahlreiche Probleme sind die Grundlagen für Lösungen erarbeitet worden. Manche Fragen bedürfen noch der Klärung, wieder andere sind in ihren Auswirkungen zu prüfen.

Eine marktkonforme Reform der Weltwirtschaft

Die Bundesregierung trägt den Konsensus mit, weil ihm die Idee der vernünftigen und notwendigen Reform, aber nicht der revolutionären Umwälzung der Weltwirtschaftsordnung zugrunde liegt.

Die gegenwärtige weltwirtschaftliche Rezession führt uns allen eindringlich den Zusammenhang vor Augen, den ich zu Anfang das eherne Gesetz der Interdependenz genannt habe: Die Teile können nicht gedeihen, wenn das Ganze nicht gedeiht. Die Wachstumsraten der nationalen Wirtschaften hängen heute wechselseitig voneinander ab. Das gilt auch für das Verhältnis zwischen Industrie- und Entwicklungsländern: Höhere Wachstumsraten der Industrieländer bedeuten höhere Wachstumsraten der Entwicklungsländer und niedrigere Wachstumsraten der Industrieländer bedeuten niedrigere Wachstumsraten der Entwicklungsländer.

Daß wir alle diesen Zusammenhang erkannten und anerkannten, hat das befriedigende Ergebnis der 7. Sondergeneralversammlung ermöglicht. Im Geist der Kooperation geht mein Land auch in den bevorstehenden Dialog zwischen den Produzenten und Verbrauchern. In einer Weltwirtschaft, die nurmehr in gemeinsamer Anstrengung wachsen und sich entwickeln kann, müssen alle Partner die ihnen zufallende Verantwortung tragen. Den Industrieländern kommt dabei aufgrund ihres wirtschaftlichen Gewichts eine besondere Verantwortung zu. Die Bundesregierung ist sich dieser Verantwortung bewußt und handelt danach.

In enger Abstimmung mit den anderen marktwirtschaftlichen Industrieländern ist sie bestrebt, einen Wirtschaftsaufschwung ohne inflationäre Impulse in Gang zu setzen. Durch Öffnung der Märkte und Intensivierung der

Zusammenarbeit mit den Entwicklungsländern soll dieser Aufschwung gerade auch den Entwicklungsländern zugute kommen.

Wir lehnen es ab, unsere Schwierigkeiten durch restriktive Maßnahmen zu exportieren, und wir halten konsequent an einer Politik der weiteren Öffnung der Märkte fest. Dies gilt insbesondere auch für die Einfuhren aus den Entwicklungsländern. Je mehr das Gewicht der Entwicklungsländer in der Weltwirtschaft wächst, um so mehr Verantwortung tragen auch sie in allen Bereichen, also auch in der Rohstoff- und Energiepolitik.

Gemeinsam wollen wir den Trend brechen und umkehren, der in der Vergangenheit den Abstand zwischen reich und arm immer noch zunehmen ließ. Gemeinsames Weltwirtschaftswachstum ist das eine Ziel, Überwindung der wirtschaftlichen Ungleichheit das andere.

Diese Ziele können nach unserer Überzeugung am besten durch eine marktwirtschaftliche Gestaltung der Wirtschaftsbeziehungen zwischen den Staaten erreicht werden, unabhängig von den Wirtschaftssystemen im Innern.

II

Selbstbestimmungsrecht und Menschenrechte

In der Ordnung der Zusammenarbeit unter Gleichen, die zu schaffen das Ziel unserer Organisation ist, nimmt die Verwirklichung des Selbstbestimmungsrechts der Völker einen zentralen Platz ein. Eine wirkliche Gemeinschaft der Staaten und der Menschen dieser Welt kann nur entstehen, wenn die Völker in dieser Gemeinschaft in freier Selbstbestimmung integriert sind. Nur in einer solchen Welt kann sich der Wille, Mitverantwortung für das Ganze zu übernehmen, voll entfalten. Das Selbstbestimmungsrecht der Völker ist deshalb ein fundamentales Prinzip unserer Ordnung.

In den ersten Jahrzehnten der Vereinten Nationen wurde mit der Verwirklichung des Selbstbestimmungsrechts der ehemaligen Kolonien die Grundlage für eine universale internationale Gemeinschaft geschaffen.

Auch in dieser Generalversammlung stießen wieder drei neue Staaten zu unserer Organisation. Ich möchte bei dieser Gelegenheit Mozambique, die Kapverdischen Inseln und São Tomé und Príncipe herzlich in unseren universal werdenden Vereinten Nationen willkommen heißen.

Selbstbestimmung im südlichen Afrika

Der Entkolonisierungsprozeß nähert sich seiner Vollendung. Nur in wenigen Gebieten klammert sich noch die überholte Ordnung des Kolonialismus fest. Aber ihre Tage sind gezählt. Wir hoffen, daß sie auch im *südlichen Afrika* ohne Gewalt und Zerstörung zu Ende gehen.

Die Bundesregierung begrüßt daher die Entscheidung der afrikanischen Außenminister-Konferenz vom April 1975 in Daressalam, bei Lösung der Probleme dem Verhandlungsweg den Vorzug zu geben. Sie begrüßt ebenso die Bemühungen der Führer der schwarzen und der weißen Gemeinschaft in *Rhodesien* eine neue gerechte Ordnung durch Verhandlungen zu erreichen und so die Gefahr eines blutigen Bürgerkrieges abzuwenden.

Die Bundesregierung tritt entschlossen für die Selbstbestimmung der Bevölkerung Namibias ein. Die Regierung der Republik Südafrika hat selbst erklärt, daß sie Namibia nicht als südafrikanisches Gebiet betrachtet. Sie muß daraus endlich und schnell die Konsequenz ziehen und Namibia ohne Verzögerung in die Unabhängigkeit führen, schneller als bis jetzt vorgesehen.

Die Bundesregierung hat diesen Standpunkt der Regierung Südafrikas wiederholt und in dringlichem Ton vorgetragen, und sie wird dies weiter tun. Nicht minder drängend setzt sie sich dafür ein, daß in der Republik Südafrika selbst endlich das System der Apartheid aufgegeben wird, das wir verurteilen.

Menschenrechte müssen verwirklicht werden

Diese letzte Frage führt mich zum Thema der Menschenrechte. Die Vereinten Nationen, die so vieles für die Verwirklichung des Selbstbestimmungsrechts erreicht haben, konnten auch für die Achtung der Menschenrechte wesentliche Grundlagen legen. In der allgemeinen Erklärung der Menschenrechte und den auf ihr aufbauenden Menschenrechtspakten haben sie die Menschenrechte definiert und dieser Definition weltweite Anerkennung verliehen.

Es ist unsere Aufgabe, dafür zu sorgen, daß sie überall in der Praxis verwirklicht werden. Die Bundesregierung wird alle Vorschläge unterstützen, die VN bei der Durchsetzung der Menschenrechte handlungsfähiger zu machen.

Verwirklichung der Menschenrechte auch in allen Teilen Europas

Die Menschenrechte müssen überall gelten, in allen Kontinenten. Als Europäer füge ich hinzu, sie müssen auch gelten in allen Teilen Europas. Die Konferenz über Sicherheit und Zusammenarbeit in Europa hat die Konsequenz aus dieser Erkenntnis gezogen und die Verwirklichung der Menschenrechte zu einem wichtigen Thema gemacht.

Das Recht auf Freizügigkeit ist eines der in der allgemeinen Menschenrechtserklärung und in den Menschenrechtspakten verbürgten Grundrechte. Und in der Tat: Wenn die Zusammenarbeit in Europa immer weiter ausgedehnt werden soll, dürfen die Menschen nicht gehindert werden, zueinander zu kommen.

Die Beschlüsse der Konferenz über Sicherheit und Zusammenarbeit in Europa haben für dieses Recht ebenso wie für andere Menschenrechte eine Fülle konkreter Zusagen für Verbesserungen in Europa gebracht. Die Bundesregierung mißt den Wert der Konferenzergebnisse gerade auch daran, wann und wie diese Zusagen erfüllt werden.

III

Sicherung des Friedens

Frieden ist die Voraussetzung für Fortschritte in allen anderen Bereichen. Sicherung des Friedens bleibt daher eine primäre Aufgabe der Vereinten Nationen.

Friedenspolitik der Bundesrepublik Deutschland

In klarer Erkenntnis dieses Zusammenhangs ist die Politik der Bundesrepublik Deutschland seit ihrem Bestehen auf die Sicherung des Friedens gerichtet, das gilt für unsere eigene nationale Politik ebenso wie für unsere Mitwirkung innerhalb der Europäischen Gemeinschaft, dem großen zukunftsträchtigen Zusammenschluß europäischer Staaten, und für unsere Mitgliedschaft in der NATO, dem auf die Sicherung des Friedens gerichteten Verteidigungsbündnis.

Die Bundesregierung hat durch eine konsequente Politik des Gewaltverzichts die Entspannung in Europa gefördert und so die Basis für eine wachsende, für beide Seiten fruchtbare Zusammenarbeit mit den östlichen Nachbarn gelegt. Ich erwähne hier die Verträge von Moskau, Warschau und Prag. Das gleiche gilt für den Grundlagenvertrag mit der DDR.

Am Rande der Konferenz von Helsinki über Sicherheit und Zusammenarbeit in Europa sind im Geiste der gegenseitigen Verständigung zusätzliche Vereinbarungen mit der Volksrepublik Polen über noch offene Fragen getroffen worden. Diese Vereinbarungen sollen nach leidvoller Vergangenheit zur Versöhnung zwischen den beiden Völkern und zur langfristigen partnerschaftlichen Zusammenarbeit führen.

Die deutsche Teilung – nicht das letzte Wort der Geschichte

Die Bundesregierung schließt in ihrer Politik des Gewaltverzichts und der Entspannung auch unser schmerzlichstes Problem ein: die deutsche Teilung.

Es ist unser Ziel, in Europa auf einen Zustand des Friedens hinzuwirken, in dem das deutsche Volk in freier Selbstbestimmung seine Einheit wiedererlangt. Ich bekräftige unsere Überzeugung, daß die Geschichte über die Teilung des deutschen Volkes nicht ihr letztes Wort gesprochen hat. Der Wille der Nation zur Einheit wird seine geschichtliche Kraft behalten.

Der Abschluß des Vertrages über die Grundlagen der Beziehungen zwischen der Bundesrepublik Deutschland und der DDR ist der Beweis für unseren Willen, auch im Verhältnis der beiden deutschen Staaten zueinander alle Möglichkeiten der friedlichen Zusammenarbeit auszuschöpfen.

Die Beschlüsse der KSZE müssen sich auch in Berlin bewähren

Aufbauend auf der bilateralen Entspannungspolitik, den dabei abgeschlossenen Verträgen und auf dem Viermächte-Abkommen über Berlin hat die Bundesregierung im Rahmen der Konferenz über Sicherheit und Zusammenarbeit in Europa aktiv mitgewirkt. Denn kein Volk in Europa spürt stärker als das deutsche die von der Spaltung unseres Kontinents ausgehende Gefahr.

Die Ergebnisse der Konferenz sollen nach Absicht der Teilnehmerstaaten in ganz Europa wirksam werden. So müssen sich Sicherheit und Zusammenarbeit gerade auch in der Stadt bewähren, die in den Jahren des kalten Krieges so oft Schauplatz gefährlicher, auf die ganze Welt ausstrahlender Spannungen gewesen ist – in Berlin. Berlin bleibt Gradmesser der Entspannung. Entspannung setzt gegenseitiges Vertrauen voraus. Mißtrauen und Furcht beleben nur den alten Zustand der Spannung in Europa. Deshalb hat die Bundesregierung unverzüglich begonnen, die in Helsinki beschlossenen vertrauensbildenden Maßnahmen zu ergreifen. Sie hat als erste an der Konferenz für Sicherheit und Zusammenarbeit in Europa teilnehmende Regierung militärische Manöver gemäß der Schlußakte von Helsinki allen Teilnehmerstaaten der Konferenz angekündigt.

Die Ergebnisse von Helsinki sind nicht nur für Europa wichtig. Denn Entspannung in Europa soll und kann politische und wirtschaftliche Energien freisetzen, die bisher in unfruchtbaren Konflikten gebunden sind. Geschieht dies, können wir uns mit vermehrter Kraft der großen Aufgabe unserer Zeit zuwenden: der Verringerung der Kluft zwischen reichen und armen Ländern.

Abrüstung und Nichtverbreitung von Kernwaffen

Von großer Bedeutung für die Sicherung des Weltfriedens ist eine beharrliche Politik der Rüstungskontrolle und Rüstungsverminderung. Die Bundesregierung beteiligt sich aktiv an den Verhandlungen in Wien, die zu beiderseitigen ausgewogenen Truppenverminderungen in Mitteleuropa führen sollen. Unser Ziel ist es, ein stabiles Gleichgewicht der Kräfte zu erreichen. Denn nur auf der Basis gleicher Sicherheit für alle Beteiligten können Entspannung und vertrauensvolle Zusammenarbeit gedeihen.

Die Bundesregierung unterstützt ebenso aktiv alle Maßnahmen, die geeignet sind, den weltweiten Rüstungswettlauf einzudämmen und zu beenden. Ausgewogene und kontrollierte Abrüstung ist eine unserer dringendsten Aufgaben. Die Vereinten Nationen können und müssen bei ihrer Erfüllung einen wichtigen Beitrag leisten.

Eine der drängendsten Aufgaben unserer interdependenten Welt ist ebenso, die Weiterverbreitung von Atomwaffen zu verhindern. Die Ausbreitung der friedlichen Kerntechnologie wird sich in den kommenden Jahren rapide beschleunigen. Schätzungen besagen, daß bis 1980 die Zahl der Kernreaktoren in der Welt auf das Fünfzehnfache der Zahl von 1970 steigt. Der Betrieb dieser Reaktoren würde Anfang der 80er Jahre potentiell den Gewinn von bis zu 26 000 kg Plutonium pro Jahr in den Nichtkernwaffenstaaten möglich machen – genug, um 50 Atombomben pro Woche zu produzieren. Die Aufgabe, die wir lösen müssen, lautet: Die Vorteile der friedlichen Kerntechnologie zu nutzen, ohne damit auch Kern*waffen* zu verbreiten.

Die Bundesrepublik Deutschland erkennt als einer der führenden Produzenten friedlicher Kernanlagen ihre besondere Verantwortung bei der Lösung dieser Aufgabe an. Sie hält sich bei allen Exporten von Kernanlagen strikt an die Bestimmungen des Nichtverbreitungsvertrages, dessen Mitglied sie ist, und an die Sicherungsmaßnahmen der internationalen Atomenergie-Agentur. Sie unterstellt sich außerdem den Verpflichtungen, die sich aus dem Euratomvertrag ergeben. Sie unterstützt aktiv Vorschläge, die darauf gerichtet sind, diese Sicherungsmaßnahmen weiter zu verstärken und einheitliche Maßstäbe für den Export von spaltbarem Material und kerntechnischen Ausrüstungen zu entwickeln.

Regionale Krisenherde

Die Entspannungspolitik zwischen Ost und West trägt dazu bei, den Frieden in Europa zu festigen. Doch in unserer Nachbarschaft schwelen Krisenherde weiter.

Nahostkonflikt

Der gefährlichste von ihnen ist der Nahost-Konflikt. Nirgends ist es offensichtlicher, daß sich Probleme in der heutigen Zeit nicht mehr durch Krieg lösen lassen, daß Krieg keine sinnvolle Alternative zur Politik ist, daß er keine Ultima ratio mehr ist, sondern eine Ultima irratio. Vier leidvolle Kriege haben eine Lösung in Nahost nicht erzwingen können. Ein fünfter Nahost-Krieg könnte verheerende Folgen haben.

Mit großer Erleichterung begrüßt deshalb die Bundesregierung das ägyptisch-israelische Interim-Abkommen vom 4. September. Es ist ein Erfolg staatsmännischen Handelns aller Beteiligten. Weitere Schritte müssen folgen, soll die Dynamik der in Gang gekommenen konstruktiven Entwicklung erhalten bleiben. Stillstand bedeutet Rückschritt und würde am Ende auch das Erreichte wieder zunichte machen.

Die Bundesrepublik Deutschland unterstützt alle Bemühungen, um weitere Schritte auf dem Wege der Verhandlungen folgen zu lassen. Eine informelle multilaterale Erörterung der zu lösenden Fragen, wie sie der amerikanische Außenminister vorgeschlagen hat, könnte in der Tat eine spätere Friedenskonferenz in nützlicher Weise fördern.

Der Weg zu einem gerechten Interessenausgleich im Nahen Osten ist durch die Resolutionen des Sicherheitsrats 242 und 338 vorgezeichnet. Das bedeutet unter anderem: Jede Friedensregelung, die Bestand haben soll, muß das Recht Israels respektieren, in sicheren und anerkannten Grenzen zu leben, muß die legitimen Rechte des palästinensischen Volkes verwirklichen und sie muß die Beendigung der Besetzung einschließen.

Dies ist die Haltung, die die Bundesrepublik Deutschland einnimmt – in voller Übereinstimmung mit ihren Partnern in der Europäischen Gemeinschaft. Die Bundesregierung ist an einem dauerhaften und gerechten Frieden in der nahöstlichen Nachbarregion aufs höchste interessiert. Sie sucht deshalb bilateral und im Rahmen der Europäischen Gemeinschaft jeden ihr möglichen Beitrag für das Zustandekommen eines solchen Friedens zu leisten.

Zypern-Konflikt

Zügig muß auch in Zypern eine Verhandlungslösung herbeigeführt werden. Die Bundesregierung bedauert es, daß die vierte Gesprächsrunde zwischen den Vertretern der beiden Volksgruppen, die für den 8. und 9. September in New York angesetzt war, wegen Mangel an konkreten Vorschlägen vertagt werden mußte. Die tragischen Ereignisse von 1974 waren Folgen des jahrelangen Hinausschiebens der notwendigen Kompromißlösung. Daraus gilt es wenigstens jetzt, die Lehre zu ziehen. Die Blockierung einer Lösung durch ein Verhalten, bei dem jede Seite auf Zugeständnisse zuerst der anderen wartet, muß überwunden werden.

Die Bundesregierung appelliert daher an alle Beteiligten, die Verhandlungen baldigst wiederaufzunehmen. Jede Lösung muß die Unabhängigkeit, Souveränität und territoriale Integrität Zyperns wahren. Zypern braucht eine föderale Struktur, die den Interessen beider Volksgruppen gerecht wird. Die Berücksichtigung der Interessen beider Volksgruppen erfordert außerdem die Korrektur der gegenwärtigen Trennungslinie zwischen den beiden Gemeinschaften.

Die Bundesregierung ist bestrebt, bilateral und zusammen mit ihren Partnern in der Europäischen Gemeinschaft diplomatische Hilfe bei der Suche nach einer Lösung und humanitäre Hilfe für die Linderung des Flüchtlingselends zu leisten. Wie in Nahost leisten auch auf Zypern die Friedenstruppen der Vereinten Nationen einen unentbehrlichen Beitrag für die Erhaltung einer Atmosphäre, in der konstruktiv nach einer Lösung gesucht werden kann.

Das gleiche gilt für die Bemühungen des Generalsekretärs, die Gespräche zwischen den beiden Volksgruppen zu erleichtern. Ich möchte hierfür dem Generalsekretär und seinem Stab die Anerkennung und den Dank der Bundesregierung ausdrücken.

Stärkung der Vereinten Nationen

Bei der Errichtung einer Ordnung der Zusammenarbeit im Geiste der globalen Interdependenz und der gemeinsamen Verantwortung muß den Vereinten Nationen eine zentrale Rolle zukommen. Die Vereinten Nationen haben in den zurückliegenden 30 Jahren wesentlich dazu beigetragen, das Entstehen von Krisen zu verhindern, Krisen einzudämmen oder zu überwinden. Sie haben beigetragen, den Prozeß der Entkolonisierung zu beschleunigen. Sie haben die Forderung nach Verwirklichung der Menschenrechte in alle Welt getragen. Und sie haben die entscheidende Aufgabe unserer Zeit, die wirtschaftliche Entwicklung der Dritten Welt überhaupt erst in ihrem ganzen Umfang bewußtgemacht und eine zusammenhängende Strategie entwickelt, diese Aufgabe anzugehen.

Mit zunehmender Erkenntnis der globalen Interdependenz muß auch die Rolle der Vereinten Nationen, der einzigen universalen Organisation in unserer Welt, weiter zunehmen. Das setzt voraus, daß wir alles tun, um die Universalität zu verwirklichen und zu bewahren. Wir müssen die Struktur der Organisation dem Wandel der weltpolitischen Verhältnisse und Aufgaben kontinuierlich anpassen.

Die Europäische Gemeinschaft und die Bundesrepublik Deutschland bekennen sich zu den Vereinten Nationen

Die neun Staaten der Europäischen Gemeinschaft haben sich in einer Erklärung vom 17. Juni 1975 erneut zur Unterstützung der Vereinten Nationen und zu ihrer Stärkung bekannt. Der Präsident der Gemeinschaft, der italienische Außenminister Rumor, hat diesen Willen der Gemeinschaft gestern hier in eindrucksvoller Weise vorgetragen. Die Bundesrepublik Deutschland steht voll und ganz hinter dem Bekenntnis der Neun zu den Vereinten Nationen.

Nur wenn die Völker der Welt zum Geist echter Zusammenarbeit finden, werden die Aufgaben der Vereinten Nationen gemeistert werden können. Nur wenn es uns gelingt, den Geist echter Zusammenarbeit in den Vereinten Nationen überall durchzusetzen, werden wir die uns gestellten Aufgaben meistern: den internationalen Frieden zu sichern, das Selbstbestimmungsrecht der Völker und die Menschenrechte überall zu verwirklichen und durch wirtschaftlichen und sozialen Fortschritt ein universales Gemeinwohl zu fördern. Die Bundesregierung ist entschlossen, alle Bemühungen zu unterstützen, die in diese Richtung weisen.

Versöhnung zwischen Deutschen und Polen

Rede vor dem Deutschen Bundestag in der Schlußberatung der deutsch-polnischen Vereinbarungen am 19. Februar 1976

Auf der Tagesordnung der heutigen Sitzung des Deutschen Bundestages steht das Abkommen vom 9. Oktober 1975 zwischen der Bundesrepublik Deutschland und der Volksrepublik Polen über Renten- und Unfallversicherung sowie die Vereinbarung vom gleichen Tage. Dieses Abkommen und die Vereinbarung sind nur ein Teil der am 9. Oktober 1975 in Warschau unterzeichneten Vereinbarungen. Bei den anderen handelt es sich um den Finanzkredit und um das Ausreiseprotokoll.

Aber jeder in diesem Hohen Hause weiß, daß der Tagesordnungspunkt, den wir heute behandeln, eigentlich heißen müßte: »Das deutsch-polnische Verhältnis.« Dieses deutsch-polnische Verhältnis hat heute, 31 Jahre nach Kriegsende noch immer nicht den Stand, den man bei uns und den man in Polen wünscht. Die Aussöhnung zwischen Deutschen und Polen ist noch immer nicht Wirklichkeit, obwohl sie – davon bin ich überzeugt – von den Menschen auf beiden Seiten gewollt wird.

Wir alle wissen, welche Hypotheken die Geschichte hinterlassen hat, wie tief die Gräben sind und wie schwer die Wunden. Die Bundesrepublik weiß auch, welche Empfindungen mitschwingen hüben und drüben, wenn über die deutsch-polnische Aussöhnung gesprochen wird. In Polen wird man sich an alles erinnern, was im deutschen Namen geschehen ist. Wer einmal in Polen war, weiß wie gegenwärtig das alles dort noch ist – so gegenwärtig, daß sich auch der Besucher dem nicht entziehen kann.

Dennoch gilt: Das polnische Volk will auch im Verhältnis zu uns den Blick in die Zukunft richten, will auch mit uns die Zukunft gestalten. Und auch bei uns, vor allem bei den vielen Millionen, die ihre Heimat verloren haben, ist die Erinnerung wach an die Not der Vertreibung, an viele schmerzliche Schicksale.

Aber wir haben unsere geschichtliche Lektion gelernt. Wir haben den Teufelskreis von Unrecht und Wieder-Unrecht der soviel Leid über die Völker Europas brachte, durchbrochen. Der feierliche Verzicht der Vertriebenen auf Gewalt dokumentiert diese Gesinnung.

Diese Haltung, die Integration der Vertriebenen ohne die Anfälligkeit für einen neuen Radikalismus, machte den Weg frei für die Friedenspolitik, zu der wir uns alle seit Bestehen der Bundesrepublik Deutschland gegenüber allen anderen Völkern bekennen. Daß diese Friedenspolitik mit und nicht gegen die Vertriebenen in unserem Lande seit 1949 verwirklicht werden konnte, ist das historische Verdienst der Vertriebenen.

Im Verhältnis zu Polen nahm die Verständigungspolitik Gestalt an mit dem Vertrag von Warschau von 1970. Dieser Vertrag hat die Chance eröffnet, die Belastungen der Vergangenheit abzubauen und damit ein neues Kapitel in den deutsch-polnischen Beziehungen aufzuschlagen. Die vorliegenden Vereinbarungen sollen uns auf diesem Wege weiterführen. Die Menschen in Europa erwarten von den Regierungen, daß sie die Hindernisse beiseite räumen, die den Weg in die Zukunft behindern.

Die Ergebnisse dieses Bemühens sind nicht zu übersehen. So war es im Westen möglich, den deutsch-französischen Gegensatz zu überwinden, ihn Geschichte werden zu lassen. Aus der von Frankreich erwiderten Versöhnungspolitik wurde die deutsch-französische Freundschaft. Was immer die Gründe gewesen sein mögen, warum es erst so spät, erst 1970, zum Warschauer Vertrag kam: fest steht wohl, daß die Zeit davor in jedem Fall nicht für uns gearbeitet hat.

Deshalb sollten wir jetzt nicht zögern, den nächsten Schritt auf dem damals eingeschlagenen Wege zu tun. Weil wir wissen, was diese Fragen in der Vergangenheit immer wieder an neuer Verbitterung geschaffen haben, treten wir so entschieden dafür ein, die Probleme der Deutschen in Polen zu lösen: durch die Genehmigung der Ausreise für diejenigen, die das wünschen, und durch Erleichterungen für diejenigen, die dort bleiben wollen.

Es geht uns dabei um die Menschen; es geht aber auch um eine dauerhafte Verständigung mit Polen. Dazu ist es notwendig, daß wir aufeinander zugehen, Deutsche und Polen, daß wir gegenseitig Vertrauen zueinander fassen.

Wenn wir Aussöhnung wirklich wollen, wenn uns das Schicksal der Deutschen in Polen auf den Nägeln brennt, dann dürfen wir nicht verkennen, daß man einen solchen Weg nicht mit Vorbedingungen beschreiten kann, daß man nicht nach der Haltung verfahren kann: alles oder nichts. Nein, man kann nur dann etwas erreichen, wenn man bereit ist, Schritt für Schritt – und wenn es sein muß, Zentimeter um Zentimeter – aufeinander zuzugehen.

Wer sich verständigen will, muß bereit sein, das heute Mögliche zu tun, den Weg für das dann noch Notwendige offenzuhalten und ihn zu ebnen für das, was noch zu tun bleibt. Glauben wir ja nicht, im deutsch-polnischen Verhältnis sei Kompromißbereitschaft nur auf der deutschen Seite und nur in bezug auf unsere Anliegen verlangt.

Ich denke, wir sollten froh sein, daß mit dem Willen zur Versöhnung das gegenseitige Aufrechnen keine Chance mehr hat. Wer sich ernstlich mit der moralischen Dimension, mit dem historischen Hintergrund der dieser Debatte zugrunde liegenden Vereinbarungen auseinandersetzt, der wird sich der Frage, die heute beantwortet werden muß, nur mit Bescheidenheit nähern können.

Die starken Worte passen nicht in diese Debatte, und ich will auch nicht verschweigen, daß ich bei der Auseinandersetzung der letzten Wochen manchmal das Gefühl gehabt habe, daß nicht jedem, der sich dabei zu Wort meldete, bewußt war, daß seine Worte auch in Polen – und nicht nur dort – gehört werden. Ich denke, jeder von uns sollte sich ganz im stillen für sich fragen, ob nicht am Ende auch unser Ja zu den Verträgen seinen Wert verliert, wenn die Art und Weise, *wie* darüber diskutiert wird, in Polen neue Wunden schlägt.

Lassen Sie mich nun zum Gegenstand selbst kommen, zu dem Rentenvertrag und im Zusammenhang damit zu den anderen Vereinbarungen. Beratungsgegenstand sind die Vereinbarungen insgesamt – Rentenabkommen, Finanzkredit, Ausreiseprotokoll – denn sie stehen faktisch, sie stehen politisch und sie stehen – und das wissen die Mitglieder der beteiligten Ausschüsse – auch rechtlich in einem Zusammenhang.

Der Zustimmung der gesetzgebenden Körperschaft bedarf entsprechend unserer Rechtsordnung nur das Rentenabkommen, aber die Bundesregierung begrüßt es nicht nur, sie hält es für dringend geboten, daß bei der

Entscheidung über Ja oder Nein dieses Teiles das Ganze gesehen wird. Sie ist davon überzeugt, daß jede der Vereinbarungen doppelt gerechtfertigt ist: einmal aus sich selbst, aus ihrer materiellen Substanz heraus, zum andern als Gesamtpaket, das in sich ausgewogen und deshalb geeignet ist, das Verhältnis zwischen Deutschen und Polen wirklich zu verbessern und so einen tatsächlichen Beitrag zur Aussöhnung zu leisten.

Wir alle wissen: Diese Vereinbarungen sind nicht die Aussöhnung selbst. Hier geht es um eine so tiefgreifende Veränderung im Verhältnis zwischen zwei Völkern, daß sie nicht von Regierungen ausgehandelt und von Parlamenten ratifiziert werden könnte. Aussöhnung kann nicht verordnet werden, sie muß sich entwickeln.

So sehr es uns mit Genugtuung erfüllen mag und auch erfüllen darf, daß es über das Ziel der deutsch-polnischen Verständigung keine Meinungsverschiedenheiten unter uns gibt, so sehr müssen wir alle uns bewußt sein, daß es hier nicht um etwas Abstraktes geht, daß Aussöhnung, nimmt man das Wort ernst, auch ein langwieriger, Geduld und stetige Anstrengung erfordernder Prozeß der Überwindung vorhandener Probleme ist. Es ist eben nicht nur eine Frage von moralischen Bekenntnissen, so aufrichtig sie gemeint sind. Hier geht es auch um konkretes politisches Handeln. Hier ist konkrete Gestaltung der Zukunft verlangt.

Die Feststellung allein, daß die Gegenwart auch uns bedrückt – ich denke hier an die bisher unerfüllten Hoffnungen der Deutschen in Polen –, diese Erkenntnis allein hilft nicht weit. Konkretes politisches Handeln heißt für uns: Wir müssen die Voraussetzungen dafür schaffen, daß unsere Beziehungen sich weiter verbessern, d. h., daß wir neue Möglichkeiten der Zusammenarbeit schaffen und alte Hindernisse beseitigen.

Damit haben wir begonnen, als wir 1970 den Warschauer Vertrag abgeschlossen haben. Er brachte die Wende, aber er konnte nicht alle Fragen lösen. Die vorliegenden Vereinbarungen sollen uns diesen Bereichen näherbringen. Es handelt sich

- um die Lage der Deutschen in Polen,
- um die zum Teil überaus komplizierten Fragen aus dem Bereich der Sozialversicherung mit Ansprüchen hinüber und herüber, und es handelt sich
- um den Wunsch nach einer noch stärkeren deutsch-polnischen Zusammenarbeit auf allen Gebieten.

Jahrelang ist zwischen der polnischen Regierung und der Bundesregierung über diese Fragen beharrlich und zäh verhandelt worden. Das Ergebnis der Vereinbarungen liegt Ihnen heute vor. Ein Kompromiß, gewiß, aber ich denke, ein Kompromiß von beiden Seiten.

Der Bundeskanzler und ich haben in jener Nacht in Helsinki, in der wir uns mit der polnischen Regierung endlich einigen konnten, redlich geprüft, ob unser Ja zu verantworten ist, und ich bekenne Ihnen hier als unsere Überzeugung: Es wurde in jener Nacht das jetzt Mögliche erreicht und für die Zukunft nichts verbaut, sondern im Gegenteil der Weg in die Zukunft und für die Lösung der noch offenen Fragen erleichtert.

Das Mehr, das wir alle wollen, bleibt möglich. Ich versichere Ihnen: Wir beide, der Bundeskanzler und ich, haben nicht den geringsten Zweifel am ernsthaften Willen unserer polnischen Partner, ihren Teil der Vereinbarungen zu erfüllen, so wie wir selbst auch dazu entschlossen sind. Das gilt auch für die Ernsthaftigkeit des Willens zur Erfüllung der sogenannten Offenhalteklausel. Deshalb werden wir bis zur letzten Minute um die Zustimmung der Gesetzgebungsorgane ringen, denn wir wollen alles tun, damit diese Zustimmung zustande kommt.

Täuschen wir uns nicht: In der Weltöffentlichkeit wird nicht die Frage diskutiert, ob die Volksrepublik Polen ihre Verpflichtungen erfüllen wird, sondern draußen in der Welt und wahrlich nicht nur in Polen wird im Blick auf diese Debatte und auf die Debatte im Bundesrat die Frage gestellt, ob wir – die Bundesrepublik Deutschland – mit der Zustimmung zu diesen Vereinbarungen unseren Beitrag zur deutsch-polnischen Aussöhnung leisten werden. Ich denke, jeder sollte sich dieser Tatsache bewußt sein. Wir sind in den Augen der Welt zum Handeln aufgefordert.

Dennoch ist in der Diskussion über die Verträge bei der Bewertung der Verbindlichkeit der polnischen Zusagen immer wieder die Frage nach dem Willen der Volksrepublik Polen, die übernommene Verpflichtungen einzuhalten, gestellt worden. Wer daran Zweifel aufwirft, stellt die Vertragsfähigkeit der Volksrepublik Polen grundsätzlich in Frage. Wer das tut, leugnet damit die Möglichkeit jeglicher Vereinbarungen mit Polen, der vorliegenden und auch anderer. Die Position der Bundesregierung ist das jedenfalls nicht.

Niemand wird den Kritikern der Vereinbarungen die Frage nach einer noch besseren Lösung, nach einem für uns günstigeren Kompromiß, verübeln. Diese Frage ist immer notwendig und berechtigt. Wir haben sie nach besten Wissen und Gewissen beantwortet. Aber angesichts aller Erklärungen und Erläuterungen der Bundesregierung in den Ausschüssen und bei anderer Gelegenheit, die jedes übliche Maß weit übersteigen, muß auch die Frage erlaubt sein: Welches Zeugnis muß eigentlich noch dafür beigebracht werden, daß die Grenzen des jetzt Möglichen erreicht sind?

Die Stellungnahme der Bundesregierung hat die Einwände des Bundesrats Punkt für Punkt beantwortet. Die Alternative zu den vorliegenden Vereinbarungen sind nicht andere, vielleicht sogar bessere Vereinbarungen, ich fürchte, die Alternative wäre ein schwerer Rückschlag in den deutsch-polnischen Beziehungen mit allen sich daraus ergebenden Konsequenzen. Deshalb ist die Ratifizierung des Abkommens ein unentbehrlicher Schritt auf dem Wege der Verständigung.

Am Dienstag hat die Opposition nun ihre Einwände auf drei Bereiche konzentriert:

- auf die Ausreisemöglichkeiten für Deutsche nach den vier Jahren,
- auf den Status der in Polen verbleibenden Deutschen und
- auf den finanziellen Teil der Vereinbarungen.

Dabei geht sie in der Frage der Ausreisemöglichkeiten in ihren Forderungen über die Position des Bundesrats hinaus.

Dazu ist festzustellen: Im Ausreiseprotokoll sichert die polnische Seite die Ausreise von 120 000 bis 125 000 Deutschen in einem Zeitraum von vier Jahren zu. Diese Zusicherung ist völkerrechtlich verbindlich. Ebenso verbindlich ist die Zusage, daß auch für Deutsche, die nach Ablauf dieser vier Jahre noch ausreisen wollen, die Kriterien der »Information« von 1970 gelten.

Wir alle sind daran interessiert, daß die dann noch verbleibenden Anträge zügig behandelt und entschieden werden. Die Bundesregierung ist überzeugt, daß auch die polnische Seite gewillt ist, dieses Kapitel durch Praktizierung der Offenhalteklausel zu beenden im Interesse der weiteren Gestaltung unserer Beziehungen.

Durch die Annahme aller Vereinbarungen können wir das am besten fördern. Die konkrete Zusicherung der 125 000 Ausreisen und die Vereinbarung der sogenannten Offenhalteklausel waren nur durch äußerstes Bemühen in den nächtlichen Verhandlungen in Helsinki mit der polnischen Führungsspitze zu vereinbaren. Die Tatsache, daß sich dort die Verantwortlichen beider Staaten in dieser Weise um das Zustandekommen der Einigung bemüht haben, mag deutlich machen, welche Bedeutung beide Seiten diesem Fortschritt in unseren Beziehungen beimessen.

Helsinki, die dort möglich gewordene deutsch-polnische Begegnung, war Ausdruck des ernsthaften Willens, wiederum auf beiden Seiten, alle nur denkbaren Anstrengungen zu unternehmen, um das jetzt Mögliche auch wirklich möglich zu machen. Was erreicht wurde, liegt Ihnen vor. Die Bundesregierung präsentiert das Ergebnis in nüchterner Darstellung des Erreichten und des noch zu Erreichenden.

Wenn wir die Annahme empfehlen, so lassen wir uns von zwei Einsichten leiten:

Erstens: Die Politik des Alles oder Nichts mag stark erscheinen; aber sie ist in Wahrheit schwach, weil ihr die Kraft fehlt, das jetzt Mögliche im Interesse der Menschen zu tun, die darauf warten.

Zweitens: Was noch zu tun bleibt, werden wir nur dann erreichen, wenn wir durch Zustimmung zu den Vereinbarungen unseren Beitrag zur weiteren Verbesserung der deutsch-polnischen Beziehungen leisten. Nicht im Klima der Verbitterung, sondern im Geiste der gegenseitigen Verständigung wird auch nach Ablauf von vier Jahren für diejenigen, die noch ausreisen wollen, die zügige Erfüllung ihrer Wünsche erreicht werden können.

Es ist dann nach dem Schicksal der in Polen verbleibenden Deutschen gefragt worden. Die Situation der aus eigener Entscheidung in Polen zurückbleibenden Deutschen, vor allem die Frage ihrer sprachlichen und kulturellen Belange, steht für die Bundesregierung auf der Tagesordnung ihrer Gespräche mit der polnischen Regierung. Auch hier gilt, daß die Chance einer Verbesserung größer ist, wenn die jetzt zur Entscheidung anstehenden Vereinbarungen die weitere Verständigung mit Polen gefördert haben. Daß ein Rückschlag in den deutsch-polnischen Beziehungen uns auch in dieser Frage nicht weiterbringen würde, sollte für jeden offenbar sein.

Die Sorge schließlich der Opposition, die Vereinbarungen mit Polen könnten einen Berufungsfall für finanzielle Forderungen anderer Staaten schaffen, ist unbegründet.

Die Leistungen, die wir erbringen, sind klar und eindeutig aus den besonderen politischen und sachlichen Voraussetzungen der deutsch-polnischen Beziehungen heraus motiviert. Die Gefahr einer Präzedenzwirkung oder einer Durchbrechung des Londoner Schuldenabkommens bestünde nur dann, wenn die vereinbarten Leistungen Reparationen oder Wiedergutmachungsleistungen wären. Das ist nicht der Fall.

Beim Rentenabkommen geht es um die Lösung der sozialversicherungsrechtlichen Probleme auch im Sinne einer Besserstellung der Berechtigten. Wie in anderen vergleichbaren Fällen ist auch hier das Eingliederungsprinzip gewählt worden. ImZusammenhang damit ist eine einmalige Zahlung von 1,3 Milliarden DM vereinbart, nämlich als pauschale Abgeltung aller gegenseitig erhobener Ansprüche.

Ein Scheitern des Abkommens würde das Risiko wesentlich höherer Zahlungsverpflichtungen für unsere Versicherungsträger mit sich bringen, ohne daß dabei eine fühlbare Besserstellung der Berechtigten durch uns sichergestellt werden könnte.

Der Finanzkredit schließlich aus Mitteln der Kreditanstalt für Wiederaufbau, mit Zinszuschüssen aus dem Bundeshaushalt bereitgestellt, dient dem Zweck, intensivere wirtschaftliche Beziehungen unterhalten zu können. Beide Länder werden ihren Nutzen davon haben, politisch und wirtschaftlich. Auch wenn für den Finanzkredit, bindenden internationalen Regeln folgend, eine ausdrückliche Lieferbindung nicht vorgesehen ist, wird der überwiegende Teil in Form von Aufträgen an uns zurückfließen.

Sowohl der Finanzkredit wie die Rentenpauschale sind eindeutig sachbezogene Leistungen. Deshalb sollten wir hier gemeinsam feststellen: Weder die Motive für das Zustandekommen dieser Vereinbarungen noch ihr Inhalt können sie zu einem Präzedenzfall für die Ansprüche anderer machen. Ich erkläre verbindlich für die Bundesregierung: Es wird sich niemand uns gegenüber mit Erfolg auf diese Vereinbarungen berufen können.

Heute ist im Bundestag jeder Abgeordnete und am 12. März 1976 ist im Bundesrat jedes Mitglied einer Landesregierung aufgerufen, sein Ja oder Nein zu wägen. Diese Entscheidung kann uns niemand abnehmen. Bei dieser Entscheidung ist nicht nur zu fragen: Was ist am Verhandlungsergebnis unbefriedigend? Es muß mit ebensolchem Ernst gefragt werden, welche Folgen hätte eine Ablehnung dieser Verträge? Auch heute gilt und am 12. März wird gelten: Jeder muß diese Entscheidung so treffen, als hingen von ihm allein die deutsch-polnischen Beziehungen ab.

Dieser Verantwortung wird sich niemand entziehen können! Jeder wird sich entscheiden müssen, als hinge von ihm allein auch ab, ob die 125 000 Deutschen jetzt ausreisen können oder nicht.

Auch derjenige, der meint, es werde bei einem Scheitern der Vereinbarungen vielleicht nicht jetzt, so doch später, zu neuen Verhandlungen mit Polen kommen, muß sich wohl die Frage stellen, ob er wirklich die fest zugesagte Ausreise von 125 000 Menschen gefährden will, um die es hier und heute auch geht. Er wird sich fragen müssen, ob er wirklich mit der Hoffnung auf Mehr mit gutem Gewissen das Verschieben auf später verantworten kann, ob nicht etwa die Gefahr besteht, daß aus dem Später ein Noch-später und für manchen der Betroffenen ein Zu-spät werden kann.

Die Hoffnung vieler auf Ausreise ist seit dem Treffen von Helsinki eine feste Erwartung geworden; sie wurde tief enttäuscht. Schon wird in den Briefen, in denen diese Menschen die bange Frage nach dem Zustandekommen der Verträge stellen, die Verzweiflung hörbar, die ein Scheitern auslösen würde.

Ich wiederhole: Wir alle haben weitergehende Hoffnungen und Wünsche, aber sie werden nur in einem Klima verbesserter deutsch-polnischer Beziehungen zu verwirklichen sein.

Dieses Klima schaffen wir gewiß nicht durch Ablehnung dieser Verträge, sondern allein durch ihre Annahme. Ein Scheitern der jetzt vorliegenden Vereinbarungen aber wäre ein schwerer Rückschlag für die deutsch-polnischen Beziehungen. Ein Scheitern – das hat Ministerpräsident Röder mit Recht festgestellt – könnte auch das internationale Ansehen unseres Landes gefährden. Ein Scheitern würde Zweifel säen, ob es uns mit unserem Willen zur Aussöhnung mit Polen ernst ist.

Täuschen wir uns nicht: Diese Zweifel kämen nicht nur in Polen auf, sondern auch bei vielen unserer Freunde und Verbündeten. Auch sie erwarten von uns, daß wir das Unsere zur Versöhnung mit Polen tun. Vielleicht sieht man draußen den historischen Hintergrund schärfer als hier bei uns. Ich jedenfalls habe noch keine ernst zu nehmende Stimme im Westen gehört, die in den deutsch-polnischen Vereinbarungen etwas für die deutsche Seite Unzumutbares erblickt hätte.

Die Aussöhnung mit Polen und als Beitrag dazu die hier vorliegenden Vereinbarungen – das ist nicht allein Ost-, sondern ebenso Westpolitik der Bundesrepublik Deutschland.

Erlauben Sie mir zum Schluß eine persönliche Bemerkung: Ich habe um kaum eine Entscheidung so gerungen wie um diese. Deshalb kann ich heute mit gutem Gewissen vor Sie hintreten und Sie namens der Bundesregierung bitten: Geben Sie dem Vertrag Ihre Zustimmung.

Das Europa der Freiheit – Schwerpunkt unserer Außenpolitik

Rede vor der Landesvereinigung industrieller Arbeitgeberverbände Nordrhein-Westfalens am 14. Mai 1976 in Düsseldorf

Ich bin mit besonderer Freude der Einladung gefolgt, auf Ihrer Jahresversammlung vor Ihnen zu sprechen. Thema ist die Europäische Gemeinschaft: das Europa der Freiheit.

Ich habe dieses Thema gerade in der gegenwärtigen schwierigen Lage Europas gewählt, um eindeutig klarzumachen:

- Wir sind über die wirtschaftlichen und sozialen Probleme in der Gemeinschaft besorgt, aber wir sehen keinen Grund zur Resignation.
- Die Europäische Gemeinschaft ist eine Schicksalsgemeinschaft freiheitlicher Demokraten. Und als solche will sie ein Modell sein für das ganze Europa.

Die Freiheit bleibt in Europa auch in Zukunft das große Thema. Sie ist nicht absolut und nicht überall gesichert, die Bedrohung ist gegeben von innen und außen. Für uns heißt das: nicht die Augen verschließen und schicksalsergeben auf das warten, was auf uns zukommt, sondern die Aufgabe lautet: Wir müssen alle geistigen, politischen und wirtschaftlichen Kräfte Europas mobilisieren, um die Freiheit zu sichern und auszubauen.

In der ideologischen Auseinandersetzung, die die Welt und Europa teilt und die im Kern eine Auseinandersetzung über die Freiheit ist, können nicht schwächliche Kompromisse und Leisetreterei das Gebot der Stunde sein, sondern entschlossenes Bekenntnis zu unseren Idealen und die ebenso entschlossene Verwirklichung dieses Bekenntnisses.

I

Jede Überlegung über Europa-Politik muß ausgehen von der Erkenntnis: Die Europäische Gemeinschaft ist für jeden einzelnen ihrer Mitgliedstaaten lebensnotwendig. Es gäbe keine gefährlichere Illusion als zu glauben, die europäischen Demokratien könnten vereinzelt und auf sich allein gestellt in innerer und äußerer Freiheit überleben.

Gemeinsam schaffte das freie Europa den wirtschaftlichen und politischen Wiederaufstieg aus den Trümmern des Zweiten Weltkriegs, nur gemeinsam kann es das Erreichte sichern und weiterentwickeln. Dies ist evident zunächst auf wirtschaftlichem Gebiet.

Lassen Sie mich ein paar nüchterne Zahlen anführen: Die Neun wickeln heute die Hälfte ihres Außenhandels untereinander ab. Nehmen wir die mit der EG assoziierten europäischen Länder hinzu, so gehen zwei Drittel der Exporte der Neun in die westeuropäische Freihandelszone. Frankreich, Niederlande, Belgien/Luxemburg, Italien, Vereinigte Staaten und dann schon wieder Großbritannien, Österreich, Schweiz: so heißen die Hauptkunden der deutschen Exportwirtschaft. Nach Frankreich allein gingen im letzten Jahr fast 12 Prozent unserer Exporte, nach den Niederlanden gingen 10 Prozent. Das heißt: Wir führten nach Frankreich elfmal so viel aus wie nach Japan, dreimal so viel wie nach Lateinamerika, mehr als doppelt so viel wie in den gesamten afrikanischen Kontinent und doppelt so viel wie nach den Vereinigten Staaten.

In umgekehrter Richtung gilt das noch stärker: Frankreich setzte 1975 ein Viertel seiner Ausfuhren in der Bundesrepublik Deutschland ab. Im Falle der Niederlande ist sogar über ein Drittel der Exportproduktion, und das heißt, rund ein Viertel der gesamten Güterproduktion, von der deutschen Importnachfrage abhängig.

Ich brauche in Ihrem Kreis diese Zahlen nicht zu interpretieren. Es wäre jedoch viel gewonnen, wenn in Europa einer breiten Öffentlichkeit voll bewußt wäre, was solche Zahlen für das tägliche konkrete Leben jedes einzelnen bedeuten – nämlich dies: Die Volkswirtschaften der Gemeinschaftsländer hängen auf Gedeih und Verderben zusammen.

Die Prosperität der Europäischen Gemeinschaft ist unteilbar geworden. Wie ein wirtschaftlich einiges Europa, so ist auch ein politisch einiges Europa für seine Mitgliedstaaten lebensnotwendig. Die heutige Welt ist eine Welt kontinentaler Mächte – USA, UdSSR, China – und eine Welt großer Verhandlungsblöcke – Ölländer, Entwicklungsländer.

In einer solchen Welt kann der *einzelne* europäische Staat seine Lebensinteressen nicht mehr ausreichend zur

Geltung bringen. Allein auf sich gestellt ist er vielmehr mehr oder weniger Objekt, nicht Subjekt der Weltpolitik. Nur vereint kann das freie Europa Herr seines Schicksals sein. Nur vereint kann es im *Innern* seine Ideale von der Freiheit und Würde des Menschen verwirklichen. Nur vereint kann es die Freiheit *nach außen* verteidigen.

II

Zur europäischen Einigung gibt es keine Alternative. Um so mehr macht uns der gegenwärtige Zustand Europas Sorge. Doch gerade in dieser Lage kommt es darauf an, die Dinge ausgewogen zu sehen:

Europa ist in seinem inneren Ausbau in den letzten Jahren nicht so vorangekommen, wie es notwendig gewesen wäre. Man kann diese Stagnation jedoch nicht losgelöst sehen von der weltweiten Wirtschaftskrise der letzten Jahre:

- das System der festen Wechselkurse zerfiel;
- die Ölpreisexplosion zerbrach das Zahlungsbilanzgefüge der Welt und trieb auch einige Länder der Gemeinschaft in Defizite bisher ungekannter Größenordnung;
- die Weltwirtschaft erlebte ihre schärfste Inflation;
- sie ging gleichzeitig durch die schwerste Rezession seit 1930: Ende 1975 gab es fünf Millionen Arbeitslose in der Gemeinschaft.

Wahrlich, dies war keine günstige Zeit, um in der europäischen Integration voranzukommen. Das Erreichte zu bewahren, mußte bereits als nicht geringer Erfolg erscheinen: Der freie gemeinsame Markt hielt dem Druck der Krise stand.

Um sich bewußt zu werden, wieviel dies bedeutet, braucht man nur an die Krise der 30er Jahre zurückzudenken, als die Industrieländer sich durch eine Politik der Alleingänge und des Protektionismus gegenseitig in eine Dauerrezession und Dauerarbeitslosigkeit hineintrieben.

Doch noch mehr: Auch in dieser schwierigen Zeit machte die Gemeinschaft in einer Reihe von Bereichen Fortschritte:

- Das britische Volk sprach sich in einem Referendum mit überwältigender Mehrheit für die Europäische Gemeinschaft aus.
- Die Gemeinschaft gründete einen Regionalfonds, um das Wohlstandsgefälle innerhalb Europas zu vermindern.
- Sie legte ferner – ein weiterer Beweis europäischer Solidarität – eine Gemeinschaftsanleihe in Milliardenhöhe auf, um Mitgliedern zu helfen, ihre Zahlungsbilanzdefizite zu überbrücken.

Vor allem aber: Die Jahre der Krise waren der Beginn einer europäischen Außenpolitik: Die EG baute ihre Außenbeziehungen stark aus. Sie stieß dabei, insbesondere in ihren Beziehungen zur Dritten Welt, mehr und mehr von der Handelspolitik zu einer umfassenden Außenwirtschaftspolitik vor:

- So schuf die Gemeinschaft im Abkommen von Lomé mit 46 Staaten Schwarzafrikas, der Karibik und des Pazifik ein zukunftsweisendes Modell ausgewogener Zusammenarbeit zwischen Industrie- und Entwicklungsländern.
- Sie unternahm es ebenso, die gegenseitige Abhängigkeit zwischen Europa und den südlichen Anrainerstaa-

ten des Mittelmeeres durch Abkommen zu organisieren und zu stabilisieren: Abkommen mit Israel und den Maghreb-Staaten sind bereits abgeschlossen, Abkommen mit den Maschrek-Staaten sind in der Verhandlung.

- Mehr und mehr mit einer Stimme begann die Gemeinschaft ebenso im Dialog mit der Dritten Welt über eine neue Weltwirtschaftsordnung zu sprechen: so auf der 7. Sondergeneralversammlung der Vereinten Nationen in New York und so auf der Konferenz über Entwicklung und Zusammenarbeit in Paris.

Zur gleichen Zeit institutionalisierten die Außenminister der Neun ihre Zusammenarbeit in der sogenannten EPZ, der »Europäischen Politischen Zusammenarbeit«. Sie schufen sich damit das Instrument, um gemeinsame außenpolitische Orientierungen zu erarbeiten:

- Die Neun traten, so vorbereitet, in der KSZE-Konferenz dem Osten mit einer abgestimmten Politik gegenüber und vermochten über weite Strecken die Initiative an sich zu reißen.
- Sie einigten sich auf eine ausgewogene Grundsatzposition in der Nahostfrage, und sie gehen mit einer gemeinsamen Konzeption an die Probleme im südlichen Afrika heran.
- Sie verhandeln im Euro-Arabischen Dialog mit den 20 Staaten der Arabischen Liga über die Grundlagen für eine weitgespannte Zusammenarbeit.

Ich will die Entwicklung nicht rosig malen: Noch steht die gemeinsame europäische Außenpolitik am Beginn. Noch handelt es sich in vielen Fällen erst um eine Politik, in der die Mitgliedstaaten zwar im Grundsätzlichen von gemeinsamen Konzeptionen ausgehen, im Einzelnen und Konkreten jedoch durchaus noch nicht immer als Einheit handeln.

Nichtsdestoweniger werden die Neun von der Außenwelt mehr und mehr – und vielleicht im höheren Grade als sie es bereits verdienen – als Einheit gesehen:

- Das gilt für die Dritte Welt.
- Das gilt für China, das 1975 diplomatische Beziehungen mit der Gemeinschaft aufnahm.
- Das gilt für die Staaten des COMECON: Nach 16 Jahren der Polemik gegen die Europäische Gemeinschaft wird sie jetzt von den COMECON-Staaten als Realität anerkannt; sie traten an die EG mit dem Vorschlag heran, einen Rahmenvertrag für die gegenseitigen Beziehungen abzuschießen.

III

Die Bilanz der europäischen Einigung in den letzten Jahren weist also durchaus nicht nur Negativposten auf. Wir müssen uns jedoch bewußt sein: Die Rückschläge betreffen das wirtschaftliche Fundament der Gemeinschaft: Die neun Volkswirtschaften der Gemeinschaft haben sich seit 1973 auseinanderentwickelt. So stiegen zwischen Anfang 1973 bis Ende 1975

- die Lohnstückkosten bei uns um 21 Prozent, in Großbritannien jedoch um 57 Prozent;
- die öffentlichen Ausgaben bei uns um 47 Prozent, in Irland jedoch um 114 Prozent;
- die Geldmenge bei uns um 21 Prozent, in Italien dagegen um 71 Prozent.

Alle diese Faktoren schlugen sich nieder in einer kraß unterschiedlichen Preisentwicklung: 1975 lagen die Inflationsraten der Mitgliedsländer zwischen 6 Prozent und 26 Prozent!

Die Länder mit hohen Inflationsraten sind zugleich jene, die der Schock der Ölpreisexplosion am stärksten traf. Innere Inflation und die drastisch erhöhten Einfuhrkosten führten zu großen Zahlungsbilanzdefiziten. Das unausweichliche Ergebnis: Die Währungsgemeinschaft zerfiel: Pfund, Lira, Franc schwanken heute frei gegenüber den Währungen der sogenannten Schlange. Es ist deutlich, wie von all diesen Entwicklungen her der Gemeinsame Markt und die Gemeinsame Agrarpolitik, die wirtschaftliche Basis der Gemeinschaft, belastet werden. Die dringendste Aufgabe der Gemeinschaft ist deshalb jetzt: den Trend der wirtschaftlichen Auseinanderentwicklung umzukehren. Es ist weiterhin auch klar: Die Wiederannäherung kann nicht so geschehen, daß die relativ stabilen Volkswirtschaften, und das heißt insbesondere die Bundesrepublik, nun *auch* inflationieren. Sie kann sinnvoll allein so errreicht werden, daß *alle* Gemeinschaftsländer sich in gemeinsamer Anstrengung um Stabilität und Wachstum zugleich bemühen.

Ob wir den sichtbar gewordenen Aufschwung in ein dauerhaftes Wachstum überführen können, hängt entscheidend davon ab, ob überall der Hauptfehler der Vergangenheit vermieden werden kann – nämlich die Überforderung des Sozialprodukts. Geschieht das nicht, dann könnte unser Schicksal eine Entwicklung sein, bei der – ich zitiere die EG-Kommission – »von Zyklus zu Zyklus die Wachstumsraten kleiner werden, die Arbeitslosigkeit zunimmt, und die Inflationsspirale sich immer schneller dreht«.

Eine solche Entwicklung könnte zu einer schweren Gefahr für die Europäische Gemeinschaft werden und für die demokratischen Strukturen dazu, denn wir als Deutsche wissen aus eigener schmerzlicher Erfahrung, daß der

Verlust der wirtschaftlichen Stabilität sehr schnell zu politischer Instabilität und damit zu einem Nährboden für den Extremismus führt. Wo die demokratischen Kräfte versagen, da würden andere Kräfte ans Werk gehen – mit anderen Mitteln.

Eine Wiederannäherung der Wirtschaftspolitik in der Gemeinschaft in Richtung auf größere Stabilität ist die dringendste Aufgabe. Keine Regierung in der Gemeinschaft kann jedoch eine Stabilitätspolitik betreiben, wenn sie sich nicht auf einen ausreichenden Konsensus der gesellschaftlichen Gruppen stützen kann. Wo Klassenkampf, wo blinder, maßloser Verteilungskampf in einer Gesellschaft herrschen, da sind demokratische Regierungen überfordert.

Die Bundesrepublik Deutschland verdankt ihre wirtschaftliche und ihre politische Stabilität der Tatsache, daß es ihr gelungen ist, den sozialen Konsensus zu erhalten. Wenn der Bundestagswahlkampf des Jahres 1976 im Zeichen der Auseinandersetzung um den Freiheitsbegriff und des Kampfes um die politische Mitte steht, dann zeigt das die Anziehungskraft der Freiheitsidee auf alle demokratischen Parteien und ist auch Beweis dafür, daß Freiheit die gemeinsame Basis aller Demokraten ist.

In allen Ländern der Gemeinschaft ist die Einsicht im Wachsen, daß ein Verteilungskampf der Gruppen, der auf das Wohl des Ganzen keine Rücksicht nimmt, zur Verarmung *aller* führt und letztlich auch der siegreichen Gruppe schadet. Der Lohnpakt zwischen Regierung und Gewerkschaftsführung in Großbritannien, der noch vom Gewerkschaftskongreß bestätigt werden muß, ist ein besonders hoffnungsvolles Zeichen.

Letztlich kann eine Stabilitätspolitik nur von den Regierungen, Parlamenten und den Tarifpartnern in den neun Staaten selbst durchgesetzt werden. Wir können dauerhaftes Wachstum nur erreichen und wir können die

Arbeitslosigkeit nur überwinden, wenn wir den Anteil der Investitionen am Sozialprodukt wieder steigern.

Dieser Einsicht entzieht sich heute wohl keine Gruppe in der Gemeinschaft. Es gilt nun anzuerkennen, was dieses Ziel impliziert: nämlich

- maßvolle Tarifforderungen der Gewerkschaften
- Preisdisziplin der Unternehmer
- inflationsfreie Finanzierung der öffentlichen Haushalte.

Wiedergewinnung ausreichender Stabilität und ausreichenden Wachstums ist die *eine* Prioritätsaufgabe. Wir wollen und können jedoch Europa nicht nur vom Ökonomischen her bauen.

Eine *zweite* Prioritätsaufgabe ist deshalb, die Dynamik der Europa-Idee zurückzugewinnen, der Idee einer freiheitlichen Gemeinschaft. Europa muß wieder zum Thema der Debatten in der europäischen Öffentlichkeit werden. Dies ist der Grund, warum dem Ziel der Direktwahl des Europäischen Parlaments so hohe Bedeutung zukommt.

Der Bürger erlebt heute Europa primär als Verhandlungsmaschinerie der Regierungen und als bürokratische Verwaltung fern in Brüssel. Daß auf diese Weise die Begeisterung für Europa nicht am Leben zu erhalten war, nimmt eigentlich keinen wunder. Die Direktwahl könnte hier zu einem wichtigen Neuansatz werden. Zum ersten Mal würde ein Parlament entstehen, das demokratisch und *europäisch* legitimiert ist. Es könnte nicht ausbleiben, daß ein solches Parlament auf Dauer zunehmende Befugnisse gewinnt. Schon von den Wahlen selbst jedoch kann eine belebende Wirkung ausgehen. In Aussicht auf die Wahlen schließen sich die nationalen Parteien zu europäischen Föderationen zusammen.

Der Zusammenschluß der Parteien veranlaßt politisch

engagierte Bürger, sich mit dem Thema Europa wieder auseinanderzusetzen. Der Wahlkampf selbst wird dann dieses Thema endgültig aus den Beratungs- und Verhandlungssälen der Experten heraus und auf die Straße tragen und wird es zum Anliegen einer breiten Öffentlichkeit machen. In den letzten Wochen ist wieder zweifelhaft geworden, ob die Direktwahlen termingerecht 1978 stattfinden können, wie es der Europäische Rat der Regierungschefs im Dezember 1975 beschlossen hat.

Hauptproblem ist die Zahl und Aufteilung der Sitze im Europäischen Parlament. Die Bundesregierung hat sich in dieser Frage – wie in allen anderen offenen Fragen – bereit erklärt, *jedem* Kompromiß zuzustimmen. An uns wird eine Verzögerung nicht liegen! Und ich werde noch heute beim Zusammentreffen mit meinen Kollegen aus den anderen EG-Staaten in Luxemburg noch einmal alles unternehmen, um den Durchbruch für die Direktwahl doch noch zu erreichen.

IV

Ich habe mit der Wiederannäherung der Volkswirtschaften der Neun und mit der Direktwahl des Europäischen Parlaments die zwei Ziele herausgegriffen, die gegenwärtig im Zentrum der Europa-Diskussion stehen. Beide Ziele sind jedoch nur Schritte in Richtung auf unser *langfristiges* Ziel: die Europäische Union. Lassen Sie mich im folgenden skizzieren, was dieses Ziel an konkreten, langfristigen Aufgaben beinhaltet:

Erstens: Die Europäische Union hat als ihre Basis die Wirtschafts- und Währungsunion: Wir brauchen das Weiterschreiten zu einer gemeinsamen Wirtschafts- und Währungspolitik, um den Gemeinsamen Markt auf Dauer zu sichern. Wir brauchen dies aber auch um seiner selbst willen. So ist vor allem nur mehr im europäischen Rahmen eine einigermaßen autonome Konjunktur- und Wachstumspolitik möglich.

Die Gemeinschaft erzeugt ein Fünftel des Weltsozialprodukts. Mit einer gemeinsamen Politik können daher die Mitgliedstaaten einander gegenseitig und darüber hinaus der Weltwirtschaft insgesamt kräftige Impulse geben. Eine im nationalen Alleingang unternommene Konjunkturpolitik würde dagegen sehr bald an außenwirtschaftliche Grenzen stoßen. Dazu kommt ein Zweites: In den 50er und 60er Jahren war neben dem innereuropäischen Handel auch der Welthandel ein wichtiger Wachstumsmotor unserer nationalen Volkswirtschaften.

Der Welthandel expandierte stärker als das Sozialprodukt, und er schuf zugleich einen gewissen Ausgleich in Boom und Rezession, da die Konjunkturphasen der Industrieländer gegeneinander verschoben waren. Heute ist zweifelhaft, ob der Welthandel diese doppelte Rolle auch in Zukunft erfüllen wird. Als Folge der mittlerweile erreichten Verflechtung der Weltwirtschaft hat sich ein globaler Konjunkturzyklus herausgebildet. Dadurch aber werden die Schwankungen der einzelnen Volkswirtschaften nicht wie früher gemildert, sondern verstärkt werden.

Diese Entwicklung ist besonders gefährlich für Europa, das in ungleich höherem Grade als z. B. die Vereinigten Staaten vom Außenhandel abhängig ist. Nur durch eine gemeinsame Konjunkturpolitik können die europäischen Staaten den Gefahren dieser Abhängigkeit vom Welthandel vorbeugen und sich ein ausreichendes Maß an Konjunktur- und Wachstumsautonomie sichern.

Zweitens: Der wirtschaftliche Ausbau der Gemeinschaft ist Mittel zu einem höheren Zweck. Die Europäische Gemeinschaft ist nicht nur eine Vereinigung zur

Sicherung des materiellen Wohlstands ihrer Mitglieder. Sie ist vielmehr die Trägerin der großen geschichtlichen Idee von der Freiheit und Würde des Menschen. Als solche trägt sie, noch vor aller wirtschaftlichen Notwendigkeit, ihren Sinn in sich selbst. Gemeinsam müssen die Europäer eine Ordnung verwirklichen, die allen Bürgern ein Leben in Freiheit und Selbstbestimmung ermöglicht.

Für die *politische* Ordnung der Gemeinschaft heißt dies zweierlei:

1. Die Europäische Gemeinschaft muß eine demokratisch verfaßte Gemeinschaft sein, ein »Europa der Bürger«.
2. Die Europäische Gemeinschaft muß eine Gemeinschaft gleichberechtigter und gleichrangiger Staaten sein, eine Gemeinschaft zugleich, die die Vielfalt und den Reichtum der europäischen Lebensformen voll bewahrt.

Das Bekenntnis zur freiheitlichen Demokratie ist der Kern der politischen Ordnung der Gemeinschaft. Die Möglichkeit, daß es in einem Partnerland zu einer kommunistischen Beteiligung an der Regierung kommen könnte, kann uns deshalb nicht gleichgültig sein. Wir sind als Partner mitbetroffen.

Eine solche Entwicklung müßte schwerste Belastungen für die Gemeinschaft mit sich bringen, sie würde ihrem freiheitlichen Selbstverständnis widersprechen, und sie müßte – ich füge dies hinzu – schwerste Belastungen auch für das Atlantische Bündnis bringen, das ja ein Bündnis ist zur Verteidigung der Demokratie gegen die Feinde der Freiheit. Ich bin mir bewußt, daß es Leute gibt, die glauben, bestimmte kommunistische Parteien seien ja gar keine richtigen Kommunisten mehr; sie seien über Nacht Demokraten geworden.

Ich warne: Die Machtergreifung mit dem Marschstiefel

wird nun abgelöst durch die Machterschleichung auf Filzpantoffeln, die Konsequenz ist die gleiche.

Der französische Staatspräsident Giscard d'Estaing hat ganz und gar recht, wenn er sagt: »Man erkennt also, daß es sich in Wahrheit um eine wahltaktische Maßnahme handelt«. Nichts gibt uns Sicherheit, daß Kommunisten – selbst wenn einige unter ihnen diese Bekenntnisse *heute* ehrlich meinen sollten –, daß Kommunisten nicht *dann*, wenn sie die Macht erobert haben, zur leninistischen Diktatur und zur Abhängigkeit von Moskau zurückkehren.

Der tägliche Anschauungsunterricht kommunistischer Praxis in der DDR hat die überwältigende Mehrheit bei uns gegen den Kommunismus immun gemacht, aber Gott sei Dank auch wachsam und empfindlich. Es geht jetzt darum, daß die demokratischen Parteien in der Bundesrepublik Deutschland dort, wo es erforderlich ist, ihren Schwesterparteien helfen, einen Machtzuwachs der Kommunisten zu verhindern und daß sie diejenigen Kräfte bestärken, die eine Zusammenarbeit mit den Kommunisten ablehnen.

In Sachen Freiheit werden wir kein Risiko eingehen. Die Europäische Gemeinschaft ist in ihrer politischen Ordnung eine freiheitliche, eine demokratische Gemeinschaft. Wir wollen kein Volksfront-Europa. Sie ist darüber hinaus ebenso aufgerufen, die Freiheiten und Menschenrechte des einzelnen auch in ihrer wirtschaftlichen und gesellschaftlichen Ordnung zu verwirklichen.

Europa befindet sich im Übergang zur nachindustriellen Gesellschaft. Die heutige Generation sucht nach Formen des sozialen Zusammenlebens, in dem sich die europäischen Grundwerte von der Freiheit und Würde des Menschen in einer neuen geschichtlichen Situation verwirklichen lassen. Wir müssen in neuer Weise die alte Aufgabe lösen, zwischen der Freiheit des einzelnen und den Erfordernissen der Gemeinschaft einen gerechten und tragfähigen Ausgleich zu finden.

Wir müssen ebenso ein gerechtes und tragfähiges Gleichgewicht finden zwischen Freiheit und Gleichheit: Beides sind Grundwerte unserer Gemeinschaft. Ich glaube jedoch, die westlichen Gesellschaften haben eine Phase in ihrer Geschichte erreicht, wo das Streben nach Gleichheit in Übermaß umzuschlagen droht. Auch in unserem Land gibt es Diskussionen, in denen die Bereitschaft durchscheint, die Gleichheit auf Kosten der Freiheit so weit zu treiben, daß die Motoren unseres wirtschaftlichen und gesellschaftlichen Fortschritts zerstört würden.

Machen wir uns jedoch eines klar: Wir können die Leistungsfähigkeit und die Überlebensfähigkeit unserer Demokratien nur aufrechterhalten, wenn wir die Entfaltungsmöglichkeit, den Leistungswillen und das Verantwortungsbewußtsein des einzelnen nicht ersticken durch Bürokratie, Gleichmacherei und anonymen Kollektivismus.

Drittens: Gleichzeitig mit dem inneren Ausbau der Gemeinschaft müssen wir auch die Handlungsfähigkeit der Gemeinschaft nach außen stärken und weiterentwickeln. Unser Ziel ist eine europäische Außenpolitik. Nur gemeinsam kann Europa seine Interessen in der Welt wahrnehmen, und nur mit gemeinsamer Kraft kann das Europa der Freiheit auf die Ordnung der Welt mitgestaltend im Sinne seiner Wertvorstellungen Einfluß nehmen. Die Grundlinien für eine gemeinsame europäische Außenpolitik sind klar, und sie sind schon heute – bei allen unterschiedlichen Nuancen im Detail – die Grundlinien der Außenpolitik der einzelnen Staaten der Gemeinschaft.

Europa tritt ein für Freiheit, Frieden und Gerechtigkeit in der Welt. Das bedeutet konkret:

1. Innerhalb Europas muß die Gemeinschaft, auch über die Grenzen der Neun hinaus, Solidarität mit allen demokratischen Staaten üben. Denn nur ein solidarisches Europa wird auf die Dauer ein freiheitlich-demokratisches Europa sein. In der gegenwärtigen Situation ist die Gemeinschaft zu solidarischem Handeln vor allem gegenüber den Ländern an den Südflanken Europas aufgerufen: Griechenland und Portugal sind in den letzten beiden Jahren zur Demokratie zurückgekehrt, Spanien – so hoffen wir – ist auf dem Wege zur Demokratie.

Den Neun ist damit die wichtige Aufgabe zugefallen, diesen Ländern in der schwierigen Übergangszeit bei der wirtschaftlichen und sozialen Stabilisierung zu helfen und damit die Basis für eine demokratische Ordnung zu bewahren. Die Neun haben sich – und ich darf hier eine Initiativrolle für die Bundesregierung in Anspruch nehmen – dieser neuen Verantwortung gestellt, und sie werden dies auch weiterhin tun. Griechenland hat den Beitritt zur Gemeinschaft beantragt. Wir haben diesen Antrag willkommen geheißen.

2. Die Solidarität einer Schicksalsgemeinschaft der Freiheit verbindet das Europa der Neun ebenso mit den großen Demokratien Nordamerikas, seinen Partnern im Atlantischen Bündnis. Unter dem Schutz des Bündnisses wurde Europa nach dem Kriege wieder aufgebaut, nur in seinem Schutz wird es sich weiterentwickeln können. Nur mit gemeinsamer Kraft können die Demokratien Europas und Nordamerikas ihre Freiheit verteidigen und eine Welt erhalten und schaffen , in der die Lebensordnung der Freiheit gedeihen kann.

Europa allein kann kein Gegengewicht gegen die Militärmacht der UdSSR bilden. Es bleibt vielmehr auf die Vereinigten Staaten und die Präsenz amerikanischer Truppen angewiesen, um die militärische Balance zu halten und damit auch seine politische Entscheidungsfreiheit zu sichern. Daran wird sich für absehbare Zukunft nichts ändern. Das Bündnis bleibt die Voraussetzung für die Sicherheit Europas.

In diesem Bündnis aber muß das werdende Europa seinen Ehrgeiz dareinsetzen, den Vereinigten Staaten als ein Partner zur Seite zu treten, der ihnen an Verteidigungsbereitschaft, und das heißt Opferbereitschaft, nicht nachsteht. Das setzt voraus, daß die Verantwortlichen in den europäischen Demokratien ihre Völker darüber aufklären, daß nur der Wille zur Verteidigung und die Bereitschaft, dafür auch Opfer zu bringen, Frieden und Freiheit garantieren.

Wenn sich trotz der steigenden Rüstungsausgaben des Warschauer Pakts bei manchen westlichen Politikern der Grundsatz durchsetzen sollte »für die Verteidigung nur, was übrig bleibt«, dann würde am Ende einer solchen Politik eine militärische Überlegenheit des Ostens stehen, die schon durch ihre Existenz und nicht erst durch ihre Anwendung die Zukunft Europas bestimmen würde. Deshalb dürfen wir zu den anhaltenden Rüstungsanstrengungen des Warschauer Pakts nicht schweigen, sondern müssen nach den Absichten der Sowjetunion und ihrer Verbündeten fragen, wenn sie einen Stand der Rüstung erreicht haben, der weit über die Erfordernisse der Selbstverteidigung hinausgeht. Wir haben heute ein Übergewicht der Sowjetunion im konventionellen Bereich in Europa.

Die darin begründete Unsicherheit und Instabilität muß überwunden werden. Es ist an der Sowjetunion, daran bei den MBFR-Verhandlungen in Wien mitzuwirken. Diese Verhandlungen sind ein Prüfstein für den Entspannungswillen der östlichen Seite.

3. Auf der Grundlage eines handlungsfähigen Bündnisses ist es ein Grundziel europäischer Außenpolitik, mit der Sowjetunion und den osteuropäischen Staaten, den Nachbarn der Europäischen Gemeinschaft im Osten, zu Entspannung und fruchtbarer Zusammenarbeit zu gelangen.

Es ist dabei deutlich: Die Bundesrepublik Deutschland hat an Entspannung ein elementares Interesse. Sie liegt an der Nahtstelle von Ost und West; durch Deutschland läuft die Teilungslinie Europas. Kein Volk in Europa kann sich deshalb von Kontakten und Zusammenarbeit über die Grenzen der ideologischen Systeme hinweg größeren Nutzen erhoffen als das deutsche Volk, das in zwei Staaten zu leben gezwungen ist.

4. Ein großes Feld europäischer Außenpolitik sind schließlich die Beziehungen zur Dritten Welt. Die hier auf Europa zugekommenen Aufgaben konkret dazustellen, wäre Thema einer eigenen Rede.

Lassen Sie mich deshalb nur mit Stichworten andeuten, worum es geht: Industrie- und Entwicklungsländer sind in unserer Welt wechselseitig voneinander abhängig. Was in der Dritten Welt geschieht, das hat *direkte* Auswirkungen auch auf die Industrieländer, und gerade auch auf die so stark außenhandelsabhängigen europäischen Länder.

Die Grundlinien für eine europäische Außenpolitik in dieser Situation sind klar: Wir wollen eine stabile Dritte Welt,

- in der Konflikte durch friedliche Mittel gelöst werden;
- in der Frieden und eine innere Ordnung, die die Menschenrechte verwirklicht, die Grundlage bieten für schnelle wirtschaftliche Entwicklung;
- in der die Außenwirtschaftspolitik darauf gerichtet ist, die eigene Volkswirtschaft in die Weltwirtschaft gleichberechtigt zu integrieren.

Diese Ziele sind Ausdruck unserer auf Frieden und friedlichen Fortschritt in der Welt gerichteten Politik. Europa sieht sein Interesse nicht darin, in einer instabilen Dritten Welt Gelegenheit zu haben, Einflußsphären zu errichten. Es glaubt vielmehr, daß das Streben der Dritten Welt nach echter Unabhängigkeit und nach eigenständiger schneller Entwicklung auch dem europäischen Interesse entspricht. Es will deshalb der Dritten Welt bei diesem Streben helfender Partner sein.

Aus diesen Überzeugungen heraus ist die Politik der Neun darauf gerichtet, in Konflikten zwischen Ländern der Dritten Welt auf friedliche Lösungen hinzuwirken und Bemühungen um solche Lösungen nach Kräften zu unterstützen. In der gleichen Weise sind die Neun in abgestimmter Politik bestrebt, die gegenwärtige Auseinandersetzung um das Weltwirtschaftssystem in konstruktive Bahnen zu lenken und zu halten. Ein Zusammenbrechen der Kooperation zwischen Industrie- und Entwicklungsländern würde für beide Seiten, und d. h. eben auch für uns selbst, ruinöse Folgen haben.

Das Leitwort der deutschen Politik gegenüber der Dritten Welt ist deshalb: »Kooperation, nicht Konfrontation«. Wir können dieses Ziel jedoch nur erreichen durch eine Politik des gerechten Interessenausgleichs. Unsere Politik ist darauf gerichtet, das Funktionieren des Weltwirtschaftssystems zugunsten der Dritten Welt so zu verbessern, daß es dem Ziel beschleunigter Entwicklung möglichst förderlich ist.

Wir glauben, dies erreichen zu können über eine marktkonforme Fortentwicklung der gegenwärtigen Weltwirtschaftsordnung. Der Versuch dagegen, das marktwirtschaftliche Prinzip in der Weltwirtschaft durch zunehmenden Dirigismus zu zerstören und zu ersetzen, würde die Probleme nicht lösen, sondern sie verschlimmern. Er könnte nur in Lähmung der Weltwirtschaft und in Ressourcenverschwendung enden – in einem Ergebnis also, das am härtesten die Entwicklungsländer selbst treffen würde.

Unser Ziel ist also, die Effizienz des Marktes in der Weltwirtschaft zu erhalten, aber sie mit wirksamer Hilfe für die Schwachen zu verbinden, und das heißt, die Stellung der Entwicklungsländer auf den Weltmärkten zu stärken, sie in die Weltwirtschaft zu integrieren.

V

Die Herausforderungen der heutigen Welt übersteigen die Kräfte der einzelnen europäischen Nationalstaaten, auch der größten unter ihnen. Nur vereint wird Europa, in innerer wie in äußerer Freiheit, bestehen können. Die Politik der europäischen Einigung ist für jeden einzelnen unserer Staaten eine Politik der eigenen Zukunftssicherung, der Zukunft in Freiheit.

Unser Land hat in klarer Erkenntnis dieser Lage am europäischen Aufbau von Anfang an mit ganzer Kraft mitgewirkt. Im finanziellen Bereich hat die Bundesrepublik, den absoluten Zahlen nach, den höchsten Beitrag unter allen europäischen Ländern geleistet. Wir tun dies unverändert. Wir wissen, daß wir als das wirtschaftlich stärkste Land der Gemeinschaft finanzielle Leistungen erbringen müssen, um Partnern in schwieriger Lage zu helfen und um die Strukturunterschiede in der Gemeinschaft abzubauen. Wir sind dazu bereit, aus europäischer Solidarität, aber auch aus wohlverstandenem Eigeninteresse.

Wir sind uns im klaren darüber, daß die Bundesrepublik Deutschland in einem Europa, das über weite Teile hin von Rezession, Inflation und sozialen Unruhen erschüttert würde, keine Insel der Stabilität und des Wohlstandes bleiben könnte. Wenn wir unsere Zukunft in einem geeinten Europa sehen, dann sind Investitionen für dieses Europa Zukunftsinvestitionen für uns selbst.

Dem gestiegenen Gewicht der Bundesrepublik Deutschland entspricht eine gestiegene Verantwortung und insbesondere eine gestiegene Verantwortung für die europäische Einigung. Wir stellen uns dieser Verantwortung – ohne Selbstüberschätzung, aber auch ohne Minderwertigkeitskomplex. Wir verstehen uns als ein Land, das eingebettet ist in die Europäische Gemeinschaft und in das Atlantische Bündnis.

Wir wollen in Europa eine treibende Kraft sein für eine geeinte, demokratische Europäische Gemeinschaft. Wir wollen im Atlantischen Bündnis ein Mitglied sein, das für den Zusammenhalt und die Stärkung des Bündnisses seinen vollen Beitrag leistet. Wir wissen: nur wenn wir die äußere Freiheit sichern, können wir sie im Inneren bewahren, und umgekehrt.

Notwendigkeit und Möglichkeit einer europäischen Außenpolitik

Rede vor der Jahresversammlung der Deutschen Gesellschaft für Auswärtige Politik am 1. Juli 1976

Es ist Mode geworden, in Tönen höchsten Pessimismus über Europa und die europäische Einigung zu sprechen. Heute will ich Ihre Aufmerksamkeit auf einen Bereich der europäischen Einigung lenken, in dem eine vorwärtsweisende Entwicklung von größter Tragweite zu verzeichnen war: den Bereich der Außenpolitik. Denn die Jahre 1973–1975 – Jahre weltweiter Inflation und Rezession, die die Europäische Gemeinschaft in ihren Plänen für den inneren Ausbau zurückwarfen – brachten zugleich die ersten Ansätze zu einer gemeinsamen europäischen Außenpolitik.

Von der wirtschaftlichen zur politischen Gemeinschaft

Die Gründer der Europäischen Gemeinschaft konzentrierten sich auf das Wirtschaftliche: »Die Hohen Vertragsparteien«, so heißt es in Artikel 1 des EG-Vertrages, »gründen untereinander eine Europäische Wirtschaftsgemeinschaft«. Die Erwartung war, daß fortschreitende wirtschaftliche Integration sozusagen automatisch die allmähliche politische Einigung nach sich ziehen würde.

Diese Hoffnung trog, und sie mußte trügen. Ein vereintes Europa kann niemals allein das Werk wirtschaftlicher Sachzwänge sein, sondern nur das Resultat eines starken und stetigen politischen Willens. Das rein wirtschaftliche Europa drohte, zu einem Europa der Technokraten zu erstarren.

Die Haager Gipfelkonferenz zog im Dezember 1969 daraus die Konsequenz und beschloß, die europäische Einigung nicht mehr nur vom Wirtschaftlichen her, sondern zugleich vom Politischen her voranzutreiben. Die Gemeinschaft sollte endlich auch eine politische Gemeinschaft werden, die in der Welt von heute und von morgen Verantwortung übernehmen und einen Beitrag leisten kann, der ihrer Tradition und ihren Wertvorstellungen entspricht. Diese Bemühung um eine europäische Identität in der Welt ist heute zu einer neuen Bewegkraft und zu einem neuen Beweggrund des europäischen Einigungsprozesses geworden.

Es kann dahinstehen, ob die Konsequenz so spät gezogen wurde, daß die Epoche ungestörten wirtschaftlichen Wachstums in den fünfziger und sechziger Jahren ungenutzt vorbeiging und wir jetzt den Übergang zur politischen Gemeinschaft unter so ungleich schwierigeren wirtschaftlichen, und das heißt ja auch innenpolitischen, Bedingungen vollziehen müssen.

Am Beginn der europäischen Außenpolitik stand der im Auftrag der Haager Gipfelkonferenz erstellte Bericht der Außenminister, der in Luxemburg am 27. Oktober 1970 unter Vorsitz des deutschen Außenministers verabschiedet wurde. Dieser Bericht legte den Grundstein zur EPZ, der »Europäischen Politischen Zusammenarbeit«.

Das Ziel der EPZ war im Luxemburger Bericht noch recht zurückhaltend formuliert: Sie sollte

- »durch regelmäßige Unterrichtung und Konsultationen eine bessere gegenseitige Verständigung über die großen Probleme der internationalen Politik gewährleisten;
- die Harmonisierung der Standpunkte, die Abstimmung der Haltung und, wo dies möglich und wünschenswert erscheint, ein gemeinsames Vorgehen begünstigen«.

Zu diesem Zweck sah der Bericht halbjährliche Zusammenkünfte der Außenminister vor, die durch das Politische Komitee, das Gremium der Politischen Direktoren der neun Außenministerien, vorbereitet werden sollten.

Von diesem bescheidenen Beginn hat sich die EPZ in den letzten Jahren kräftig entfaltet: Heute beraten die neun Außenminister über EPZ-Themen nicht im Halbjahresabstand, sondern eher monatlich, ja oft wöchentlich; oder, plastischer ausgedrückt: Der deutsche Außenminister kommt heute mit seinen acht Kollegen weit häufiger zusammen als der F.D.P.-Vorsitzende mit den F.D.P.-Landesvorsitzenden. Die Politischen Direktoren treffen heute monatlich zu jeweils zweitägigen Sitzungen zusammen.

Zu diesen Sitzungen kommt eine Vielzahl von Arbeitsgruppen-Tagungen der Fachreferenten. Die neun Außenministerien stehen darüber hinaus heute über ein koordiniertes Fernschreibsystem in unmittelbarer täglicher Verbindung. Eingeschlossen in diesen ständigen Gedankenaustausch und die Bemühungen um abgestimmtes Verhalten sind ebenso die Botschaften der Neun in Drittländern und insbesondere die Vertretungen der Neun bei den internationalen Organisationen.

Bereiche der außenpolitischen Zusammenarbeit

In einem permanenten Konsultationsprozeß nähern sich so die außenpolitischen Denkweisen und Haltungen der neun Regierungen einander an, und es entsteht langsam ein außenpolitisches Denken in europäischer Dimension. Schritt für Schritt, Bereich für Bereich, erarbeiteten die Neun gemeinsame außenpolitische Grundorientierungen, von deren Basis aus ein abgestimmtes und gemeinsames Handeln im konkreten Fall zunehmend möglich geworden ist.

Die beiden frühesten Bereiche dieser Zusammenarbeit waren die Konferenz für Sicherheit und Zusammenarbeit in Europa und der Nahost-Konflikt. Sie standen im Mittelpunkt des ersten EPZ-Außenminister-Treffens, das die damals sechs EG-Staaten im November 1970 unter deutscher Präsidentschaft in München abhielten.

Die KSZE wurde zur bestandenen Bewährungsprobe für ein gemeinsames Auftreten der Neun in der Welt. Dank ihrer Einheit konnten die Neun über weite Strecken der Konferenz die Initiative an sich bringen und durchsetzen, daß Entspannung nicht nur durch abstrakte Prinzipien definiert wurde, sondern auch konkrete Ziele erhielt, durch die sie für die einzelnen Menschen in Ost und West fühlbar werden soll.

Die KSZE bietet auch ein Musterbeispiel dafür, wie ein

solches gemeinsames Auftreten der Neun nicht einmaliges Ereignis bleibt, sondern fortwirkt und zur Grundlage wird, auf der die Politik der Neun weiterbauen kann.

Verbunden damit ist die Schaffung eines organisatorischen Unterbaus. Dieser besteht in diesem Falle in der KSZE-Arbeitsgruppe, deren Aufgabe es ist, die Politik der Neun in ihrem Drängen nach Verwirklichung der Schlußakte zu koordinieren.

Der Nahost-Bereich ist ein Beispiel dafür, wie lange, scheinbar fruchtlose Bemühungen der Neun um eine gemeinsame Konzeption plötzlich in einem Moment der Krise fruchtbar werden: Die EPZ-Beratungen über den Nahen Osten führten über drei Jahre hin zu keinem Ergebnis. Als jedoch im Oktober 1973 die Nahost-Krise ausbrach, da erwies sich ihr Wert. Dank der vorbereiteten Arbeit konnten sich die Neun auf die Grundsatzerklärung vom 6. November 1973 einigen, die die berechtigten Interessen sowohl der Araber als auch der Israelis in ausgewogener Weise berücksichtigt.

Diese Erklärung war in sich von höchster politischer Bedeutung. Sie verhinderte ein Auseinanderfallen der Neun, und sie ermöglichte es den Neun, den Pressionen der Konfliktparteien gemeinsam Widerstand zu leisten.

Die Erklärung hatte, ebenso wie die KSZE-Politik, zugleich auch Folgewirkungen. Aus ihr entwickelte sich der Euro-Arabische Dialog. Ausgangspunkt dieses Dialogs ist die Erkenntnis der gegenseitigen Abhängigkeit.

Sie wurde für die Europäer in der Ölkrise offenbar. Die arabischen Staaten andererseits können ohne eine stabile Partnerschaft mit dem Europa der Neun, die ihnen technische Hilfe, Investitionen und nicht zuletzt Marktzugang verbürgt, ihr Ziel der Entwicklung der eigenen Staaten nicht erreichen. Auf die Herausforderung durch diese Interdependenz antworten beide Seiten, indem sie ihre Beziehungen bewußt auf Interdependenz gründen und ihre Zusammenarbeit auf eine sichere, langfristige Basis stellen.

Die gemeinsame Politik der Neun in der Nahost-Krise führte über eine kurze und, wie sich heute erfreulicherweise zeigt, reinigende Krise zur grundsätzlichen Klärung auch des europäisch-amerikanischen Verhältnisses.

Einmal eingeleitet, begann die gemeinsame Politik der Neun durch ihr eigenes Schwergewicht vorwärtsgetrieben zu werden. Die Amerikaner strebten, gerade angesichts der Nahost-Diplomatie der Neun, eine Verpflichtung der Neun an, die Vereinigten Staaten zu konsultieren, bevor sie sich auf endgültige Entscheidungen festlegten. Auf dem Höhepunkt der Krise warf Präsident Nixon im März 1974 den Neun vor, »sich gegen die Vereinigten Staaten zusammenzurotten«.

Der Ausgang der Krise ist bekannt. Im Gymnicher Gentleman's Agreement gelang es unter deutscher Präsidentschaft, die Konsultationsfrage pragmatisch zur beiderseitigen Zufriedenheit zu lösen; Präsidentschaft und Kommission führen heute im Namen der Neun und der Gemeinschaft mit der amerikanischen Regierung kontinuierliche Konsultationen, ohne daß dies in einer formellen Erklärung niedergelegt wäre.

Schon vorher aber hatten die Neun in ihre Kopenhagener Erklärung über die Europäische Identität als ein Grundelement dieser Identität die »bestehenden engen Bande« zu den Vereinigten Staaten aufgenommen. Die lähmende Grundsatzdebatte der sechziger Jahre zwischen den Atlantikern und den sogenannten »europäischen Europäern« war – wie auch die folgende Zeit bestätigte – ausgestanden, jedenfalls für die Zwecke der praktischen Politik überwunden.

Zu einer gemeinsamen Haltung wie im Nahost-Konflikt fanden die Neun auch in den anderen Krisen des Mittelmeerraums:

Sie führen in der Zypern-Frage eine ausgewogene gemeinsame Diplomatie gegenüber den drei mit der Europäischen Gemeinschaft assoziierten Staaten Griechenland, Türkei und Zypern.

Sie nahmen 1975 eine gemeinsame Haltung zu der werdenden portugiesischen Demokratie ein. Ihr Vertrauen in diese Demokratie und ihre politische und wirtschaftliche Solidarität mit den demokratischen Kräften Portugals trug wesentlich dazu bei, daß der Versuch einer Minderheit, dem Land erneut eine Diktatur aufzuzwingen, erfolgreich abgewehrt wurde.

Die solidarische Hilfe für Portugal weist auf einen größeren Zusammenhang hin: In den schweren Erschütterungen, die die weltweite wirtschaftliche Krise der letzten Jahre brachte, ist der Gemeinschaft der Neun eine neue, große Aufgabe zugewachsen: die Bewahrung und Stärkung der Demokratie in Europa.

Unter diesem Aspekt ist auch das Ja der Gemeinschaft zum Beitrittsantrag Griechenlands zu sehen. Dieses Ja ist eben nicht allein von seinen wirtschaftlichen Implikationen her zu beurteilen, sondern ist zu allererst als eminent politische Entscheidung zu sehen.

Vielleicht zeigt nichts deutlicher als diese Entscheidung, wie sehr das Europa der Neun über das Stadium der Wirtschaftsgemeinschaft hinausgewachsen, wie sehr es heute eine politische Gemeinschaft ist. Als politische Gemeinschaft sieht das Europa der Neun heute eine Aufgabe darin, ein Kraftzentrum der Freiheit in Europa zu sein und noch stärker zu werden.

Die Solidarität der Neun macht nicht an den eigenen Grenzen halt, sondern umschließt alle freiheitlichen Demokratien Europas. Nur ein solidarisches Europa kann auf Dauer ein demokratisches Europa bleiben. In ihrer Entwicklung zur politischen Gemeinschaft wird für die Neun die Aufgabe immer wichtiger, die Zusammenarbeit mit den anderen europäischen Demokratien zu erhalten und zu verstärken.

Für diesen Zweck bietet sich beispielsweise der Europarat als geeignetes Gremium an. Ihn gilt es wieder stärker zu aktivieren, ich habe deshalb häufigere Zusammenkünfte des Ministerkomitees vorgeschlagen.

Ich darf hier am Rande bemerken, daß ich es stets als unschön empfinde, daß bei den Sitzungen des Ministerkomitees die Kollegen der Länder außerhalb der Europäischen Gemeinschaft im allgemeinen vollständig anwesend sind, während aus der Gemeinschaft höchstens ein Minister teilnimmt.

Europäische Gemeinschaft und Europarat ergänzen einander. Die Gemeinschaft kann innerhalb des freien Europa ein Kristallisationskern sein. Sie kann die Meinungsbildung vorantreiben und damit dazu beitragen, daß die gemeinsamen Ideale und Interessen der europäischen Demokratien in der Welt wirksam zur Geltung kommen.

Von einer gemeinsamen Grundkonzeption aus gehen die Neun heute auch an die Probleme des südlichen Afrikas heran.

Auch hier war – wie in der Nahost-Politik – eine Krise, nämlich das Eingreifen ausländischer Truppen in dem Bürgerkrieg in Angola, Anlaß, diese Konzeption in der Erklärung vom 23. Februar 1976 zu formulieren. Und auch hier hatte die deutsche Initiative zu dieser Erklärung nicht erfolgreich sein können ohne die jahrelangen vorbereitenden Diskussionen in den EPZ-Gremien.

Die Aufgabe einer gemeinsamen europäischen Politik stellt sich für die Neun schließlich vor allem auch im globalen Rahmen der Vereinten Nationen.

Nachdem schon das Jahr 1974 in diesem Ziel wesentliche Fortschritte gebracht hatte, intensivierten die Neun 1975 – auf unsere Initiative hin – ihre Bemühungen um gemeinsames Auftreten noch einmal sehr stark. Die

Bemühungen gipfelten in der Erklärung des Europäischen Rates über die Vereinten Nationen vom 17. Juli 1975, die die Grundkonzeption einer europäischen VN-Politik enthält.

Der Wille der Neun zum gemeinsamen Auftreten in den Vereinten Nationen fand in New York selbst weithin sichtbar Ausdruck in den EPZ-Treffen der neun Außenminister sowohl zu Beginn der 7. Sonder-Generalversammlung wie zu Beginn der 30. Generalversammlung.

Ich darf hier am Rande bemerken: Es ist notwendig, gerade im Abstimmungsverhalten der Neun die Kraft zu finden, mit »ja« oder »nein« abzustimmen, damit man nicht in permanenter Enthaltung zur Selbstausscheidung kommt.

Außenwirtschaftsbeziehungen der EG und EPZ

In der gleichen Zeit, in der sich die außenpolitische Zusammenarbeit der Regierungen in der EPZ entfaltete, intensivierte auch die EG ihre Außenbeziehungen sehr stark. Sie drang dabei über den Bereich der Außenhandelspolitik immer mehr in Richtung auf eine umfassende Außenwirtschafts- und Entwicklungspolitik vor:

Ich erwähne hier die laufenden Verhandlungen der Gemeinschaft im Rahmen des GATT mit den Vereinigten Staaten und den anderen GATT-Mitgliedern, die eine weitere Liberalisierung des Welthandels zum Ziel haben.

Ich erwähne im europäischen Raum die Abkommen der Gemeinschaft mit den Nichtmitgliedern, die bis Anfang der achtziger Jahre für das freie Europa in seiner Gesamtheit einen großen Freihandelsraum schaffen sollen. Was die OECD in den fünfziger Jahren nicht erreichte, wird dann verwirklicht sein.

Ich erwähne weiter die Finanzhilfe der Gemeinschaft an Portugal.

Und schließlich das Abkommen von Lomé, in dem die Gemeinschaft mit 46 Staaten Schwarzafrikas, der Karibik und des Pazifik ein zukunftsweisendes Modell ausgewogener Zusammenarbeit zwischen Industrie- und Entwicklungsländern schuf. Übrigens ist das Abkommen von Lomé für die europäische Meinungsbildung ein interessantes Beispiel: Vor seinem Abschluß wurde es heftig umkämpft, dann glaubte man, es verteidigen zu müssen, und heute wird es als Beweis der Außenpolitik der Neun gerühmt.

Ich erwähne das Globalkonzept der Gemeinschaft für die südlichen Anrainerländer des Mittelmeeres.

Ich erwähne schließlich die Rolle der Gemeinschaft im Dialog mit der Dritten Welt über die Neuordnung der Weltwirtschaft.

Diese Hinweise zeigen bereits, wie die Schwerpunkte der EG-Außenbeziehungen übereinstimmen mit den Schwerpunkten der EPZ-Außenpolitik. Es ist deutlich: Die Erarbeitung gemeinsamer außenpolitischer Grundorientierungen in der EPZ hat die Entfaltung der Außenwirtschaftsbeziehungen der EG erleichtert und in diesem Umfang wohl überhaupt erst möglich gemacht.

Die Außenbeziehungen des Europa der Neun werden deshalb heute auf zwei Bahnen vorangetrieben: der Bahn der EPZ, der Europäischen Politischen Zusammenarbeit in der Hauptstadt der jeweiligen Präsidentschaft der Neun, und der Bahn der EG, der Gemeinschaft in Brüssel. Beide Bahnen sind unterschieden durch die Entscheidungsverfahren.

Das Entscheidungsverfahren der EPZ ist intergouvernemental. Es entsteht eine konzertierte Außenpolitik der neun Einzelstaaten. Diese ermöglicht es jedoch im konkreten Fall durchaus, daß die Neun gemeinsam auftreten, und das heißt, daß die Präsidentschaft im Namen aller spricht und auch handelt und verhandelt.

Das Entscheidungsverfahren der EG auf der anderen Seite ist in den EG-Verträgen geregelt. Die Verhandlungen mit Drittstaaten werden von der Kommission geführt, im Rahmen eines ihr vom Ministerrat erteilten Mandats.

Die Trennung der europäischen Außenbeziehungen in einen außenpolitischen Bereich der EPZ und einen außenwirtschaftlichen Bereich der EG ist der Sache nach unnatürlich. Die Trennung zu überwinden ist deshalb, wie der belgische Ministerpräsident, Leo Tindemans, in seinem Bericht über die Europäische Union zu Recht betont, ein wichtiges Ziel. Es ist ein Ziel, dem wir uns pragmatisch Schritt für Schritt annähern müssen. Für die Gegenwart und nähere Zukunft werden wir mit den beiden Verfahren leben müssen.

Die unmittelbare Aufgabe muß daher sein, ein harmonisches Zusammenwirken von EPZ und EG zu sichern, um beide Bereiche zu einer kohärenten europäischen Außenpolitik zusammenfügen.

Im Anfang liefen beide Entscheidungsverfahren streng getrennt nebeneinander her. Wir alle erinnern uns noch an die Absurdität, daß im September 1973 die Außenminister am Vormittag in Kopenhagen als EPZ-Rat tagten und am Nachmittag nach Brüssel umzogen, um dort als EG-Rat zusammenzutreten. Unter der deutschen Präsidentschaft im ersten Halbjahr 1974 gelang es zum ersten Mal, die Grenzen zwischen den beiden Bereichen durchlässig zu machen. Die Kommission wird seither zur Teilnahme an EPZ-Treffen eingeladen und ist heute »zehntes Mitglied«, das insbesondere für den bereits integrierten Bereich der Europäischen Gemeinschaft spricht.

Der Pariser Gipfel von 1974 schuf den Europäischen

Rat der Regierungschefs und Außenminister, der gleichermaßen EG- wie EPZ-Fragen erörtert. Tindemans schlägt in seinem Bericht nun vor, auch für die Tagungen der Außenminister die Unterscheidung zwischen EG- und EPZ-Treffen aufzuheben. Dadurch soll ein einziges Entscheidungszentrum entstehen. Auf ihrem kürzlichen Treffen in Senningen haben die neun Außenminister diesem Vorschlag Tindemans zugestimmt.

Wichtig ist, darüber hinaus auch die Zusammenarbeit zwischen EPZ-Apparat und Kommission ständig enger zu gestalten. Modell für eine fruchtbare Zusammenarbeit ist gegenwärtig der Euro-Arabische Dialog, der durch die volle Mitwirkung der Kommission in allen Gremien zum gemeinsamen Unternehmen von EPZ und EG geworden ist.

Umgekehrt sollten auch die Organe der Gemeinschaft die speziellen außenpolitischen Erfahrungen und Möglichkeiten der EPZ noch wirksamer als bisher nutzen. Außenpolitik und Außenwirtschaftspolitik lassen sich eben nicht trennen.

Die europäischen Außenpolitik in der Bewährung

Wir stehen am Beginn und nicht am Ziel einer gemeinsamen europäischen Außenpolitik. Wie weit wir von diesem Ziel noch entfernt sind, machten uns Rückschläge gerade in den letzten Monaten und Tagen schmerzlich bewußt: keine gemeinsame Anerkennung Angolas durch die Neun; Uneinigkeit der Gemeinschaft auf der IV. UNCTAD in Nairobi in der Frage des integrierten Rohstoffprogramms, und das heißt in einer der zentralen Fragen des Dialogs über die Neuordnung der Weltwirtschaft; keine Vertretung der Gemeinschaft auf dem Wirtschaftsgipfel in Puerto Rico.

Aber diese Rückschläge, so ernst wir sie nehmen müssen, dürfen uns nicht den Blick trüben für das Erreichte: »enge Bande« zu den Vereinigten Staaten als ein von allen Neun anerkanntes Grundelement europäischer Identität, ein einheitliches Auftreten der Neun auf der Konferenz über Sicherheit und Zusammenarbeit in Europa, eine gemeinsame Grundkonzeption gegenüber den Problemen des Nahen Ostens, des südlichen Afrika, ein umfassendes und neuartiges Abkommen wie das von Lomé – all das sind letztlich doch Entwicklungen, von denen noch vor weniger als zehn Jahren die Gemeinschaft der Sechs allenfalls träumen konnte!

Die Welt sieht das Europa der Neun heute schon mehr und mehr als Einheit. Über 100 Botschafter sind in Brüssel bei der Gemeinschaft akkreditiert. China nahm im letzten Jahr die Beziehungen auf. Auch die Sowjetunion und die osteuropäischen Staaten sind nun dabei, nach langem Zögern die Konsequenz daraus zu ziehen, daß sich an der Realität der Europäischen Gemeinschaft nicht mehr vorbeikommen läßt, und das eben auch als Ergebnis der Europäischen Politischen Zusammenarbeit.

Das Grundziel europäischer Außenpolitik ist es, eine Welt zu schaffen und zu bewahren, in der Europas Lebensform der freiheitlichen Demokratie und der marktwirtschaftlichen Ordnung überleben und gedeihen kann: Die Gemeinschaft der Neun setzt sich für Frieden, Freiheit, Gerechtigkeit und Verwirklichung der Menschenrechte in der Welt ein. Und sie stellt ihre wirtschaftliche Stärke in den Dienst eines stabilen Wachstums der Weltwirtschaft und der Bewahrung und Stärkung einer für Handel und Investitionen offenen Weltwirtschaftsordnung, die die Grundlage dieses Wachstums ist.

Diese Ziele lassen sich nur verwirklichen in enger Zusammenarbeit mit den Vereinigten Staaten und den anderen gleichgesinnten Demokratien in der Welt. Sie setzen insbesondere ein gefestigtes, starkes Atlantisches Bündnis voraus, durch das allein sich das militärische Gleichgewicht in der Welt aufrecht erhalten läßt. Die Ziele europäischer Außenpolitik setzen weiter ein Verhältnis stabiler Kooperation zur Dritten Welt voraus. Sie setzen schließlich voraus, daß es auch im Verhältnis zur Sowjetunion und den osteuropäischen Ländern gelingt, den eingeleiteten Prozeß realistischer Entspannung aufrecht zu erhalten und weiterzuentwickeln.

Ich bin zuversichtlich, daß die begonnene Entwicklung auf eine gemeinsame europäische Außenpolitik hin – wenn auch unter Rückschlägen und Krisen, die wir auch für die Zukunft einkalkulieren müssen – weitergehen wird. Denn diejenigen, die sie vorantreiben, folgen dem Zug der Geschichte.

Die Rolle des freiheitlichen Europa in der Weltpolitik

Rede zur Eröffnung der Saar-Messe in Saarbrücken am 16. April 1977

Die Saar-Messe 1977 fällt in ein besonderes Jahr. Die Saar – über Jahrhunderte Schauplatz deutsch-französischer Gegensätze – wurde mit dem 1. Januar 1957 zu einem Symbol der deutsch-französischen Versöhnung und Freundschaft.

Damals zugleich auch begann der Weg des Saarlandes von einer Region an der Grenze zu einer Kernregion im Herzen der Europäischen Gemeinschaft. Die so erfolgreiche Entwicklung der Saar-Messe seit ihrer Gründung ist ein weithin sichtbarer Ausdruck für diese neue Stellung und diesen neuen Rang des Saarlandes.

Das Saarland ist heute vorwärtstreibende Kraft in der europäischen Integration. Das Industrie-Dreieck Saarland-Lothringen-Luxemburg ist das am weitesten entwickelte Beispiel grenzüberschreitender regionaler Zusammenarbeit.

An der Saar denkt man in europäischen Dimensionen. Das wird gerade auch jetzt wieder deutlich, wo man in der gegenwärtigen schwierigen Lage der Stahlindustrie eine europäische Lösung sucht.

Es wird heute oft gesagt, daß der europäische Einigungsprozeß in einer Krise sei. Man verweist darauf, daß die Gemeinschaft in den letzten Jahren ihrem Ziel der Wirtschafts- und Währungsunion nicht näher gekommen sei, sondern durch die Auseinanderentwicklung der Mitgliedstaaten sich von diesem Ziel sogar entfernt habe. Aber die gegenwärtigen Schwierigkeiten der Gemeinschaft sind nicht Ausdruck einer Krise der europäischen Einigung, sondern sind direkter Ausdruck der Schwierigkeiten, in die die Mitgliedsländer durch die weltweite Wirtschaftskrise geraten sind.

Im Gegenteil, die Gemeinschaft hat in den zurückliegenden Jahren den schwächeren Mitgliedstaaten unentbehrlichen wirtschaftlichen Halt gegeben. Sie hat möglich gemacht, daß die Märkte offenblieben. Und was das bedeutet, lehrt jede Erinnerung an die Weltwirtschaftskrise in den dreißiger Jahren, wo sich die Industrieländer durch eine Politik der Alleingänge und des Protektionismus gegenseitig immer tiefer in die Krise hineintrieben und die Rezession zur Dauerrezession machten. Insofern können wir also geradezu davon sprechen, daß die Gemeinschaft in der Krise ihre Bewährungsprobe bestand. Ja noch mehr: In anderen Bereichen als den der Wirtschafts- und Währungsunion hat die Gemeinschaft selbst in den schwierigen Jahren zukunftsweisende Fortschritte gemacht.

Sie setzte auf dem Weg zur Solidarität wichtige Meilensteine: Die Gründung des Regionalfonds und die Erweiterung des Sozialfonds sowie die Einrichtung eines Systems der Gemeinschaftsanleihen beweisen das. Ich weise vor allem hin auf die Entwicklung im außenpolitischen Bereich: Die Krise hat uns Europäern vor Augen geführt, wie wenig der einzelne europäische Staat noch in der Lage ist, seine Interessen weltweit ausreichend zur Geltung zu bringen. Diese Erkenntnis hat dazu geführt, daß die 1970 begründete Europäische Politische Zusammenarbeit sich schnell entwickelte und zum Beginn auf dem Weg zu einer gemeinsamen europäischen Außenpolitik wurde.

Europa – das freiheitliche Europa der neun Staaten der Gemeinschaft – muß seine Rolle in der Weltpolitik wahrnehmen. In der weltweiten Verbreitung der Menschenrechte, in der Entspannungspolitik, im Nord-Süd-Dialog, in der weltwirtschaftlichen Diskussion.

Neben dem weiteren Ausbau der Europäischen Politischen Zusammenarbeit stehen im Vordergrund der heutigen Europapolitik drei große Themen: die Wiedergewinnung von wirtschaftlicher Stabilität und Vollbeschäftigung, die Direktwahl des Europäischen Parlaments und die Erweiterung der Gemeinschaft.

Erstes und dringendstes Ziel ist die Wiedererlangung der wirtschaftlichen Stabilität und der Vollbeschäftigung. Europa und die westliche Welt müssen einen schmerzlichen Entwöhnungsprozeß durchlaufen. Es gilt, die Erkenntnis zu stärken, daß man nur verteilen kann, was man vorher erarbeitet hat, und nur investieren kann, was man durch Konsumaufschub erspart. Ich bin im übrigen überzeugt, daß die Bürger zur Einsicht in diese Notwendigkeiten in stärkerem Maße bereit sind, als dies so mancher Politiker oder Funktionär zu glauben den Mut hat.

Ich halte es für einen wesentlichen Fortschritt, daß es im letzten Jahr gelungen ist, auf europäischer Ebene etwas der deutschen Konzertierten Aktion im Ansatz entsprechendes zu schaffen: nämlich die Dreier-Konferenz von Regierungen, Gewerkschaften und Unternehmern der neun Mitgliedstaaten. Im Februar dieses Jahres haben die Bundesrepublik Deutschland und Frankreich bei den Gipfelkonsultationen in Paris beschlossen, ihre Bemühungen zu verstärken, im Rahmen der Gemeinschaftsorientierungen ihre beiderseitigen Wirtschaftspolitiken zu koordinieren.

Die zwei wirtschaftlich größten Staaten der Gemeinschaft, die zum Sozialprodukt der EG mehr als die Hälfte beitragen, haben damit die Initiative ergriffen. Sie beabsichtigen darüber hinaus, bis spätestens Ende 1977 im Europäischen Rat konkrete Vorschläge zu unterbreiten, die auf Harmonisierung der Wirtschaftspolitik der Mitgliedstaaten abzielen.

Die Bundesregierung hat in den letzten Jahren die Konjunktur durch kräftige öffentliche Maßnahmen gestützt. Auch hier bestehen im Ausland teilweise unrichtige Vorstellungen: Keines der großen Industrieländer, insbesondere auch nicht die USA, hat das Intrument des »deficit spending« stärker eingesetzt als die Bundesrepublik. Wir sind entschlossen, auch in diesem Jahr der Weltwirtschaft durch unsere eigene Wachstumspolitik Impulse zu geben. Unser Wachstumsziel für 1977 ist 5 Prozent, und wir halten dieses Ziel, wie der Wirtschaftsminister erst kürzlich in seinem Jahreswirtschaftsbericht betonte, für erreichbar. Um das Wachstum mittelfristig abzustützen, hat die Bundesregierung ferner im März ein vierjähriges öffentliches Investitionsprogramm in Höhe von 16 Milliarden DM beschlossen. Wir erwarten, daß sich daraus noch in diesem Jahr Aufträge im Umfang von 3 bis 4 Milliarden DM ergeben. Einschließlich der Multiplikatorwirkungen dürfte das Programm einen Gesamtbeitrag in Höhe von 30 Milliarden DM zum Sozialprodukt leisten.

Was den Beitrag der Gemeinschaft zur Wiedererlangung stabilen Wachstums betrifft, so gilt es hier vor allem, die strukturpolitischen Instrumente der EG koordiniert und effizient für Maßnahmen einzusetzen, die unmittelbar und schnell das Wachstum fördern und die Arbeitslosigkeit verringern. Ich denke hier an die Mittel der Europäischen Investitionsbank, an den Regionalfonds und den Sozialfonds, und an die für Strukturmaßnahmen verfügbaren Mittel des landwirtschaftlichen Fonds. Wir müssen die Mittel dieser Fonds zur gleichen Zeit so abgestimmt einsetzen, daß sie beitragen, die wirtschaftlichen Disparitäten innerhalb der Gemeinschaft abzubauen.

Es wird für den Zusammenhalt der Gemeinschaft und die Weiterentwicklung der Integration entscheidend sein, daß wir den Trend der letzten Jahre zur wirtschaftlichen Auseinanderentwicklung wieder umkehren und das Gebot der europäischen Verträge verwirklichen, Gleichheit der Lebensbedingungen in Europa herzustellen.

Das zweite große Thema der Europapolitik in diesem und im kommenden Jahr ist die für 1978 beschlossene Direktwahl des Europäischen Parlaments. Hier geht es um nicht mehr und nicht weniger als um das Ziel, die Dynamik der Europa-Idee zurückzugewinnen.

Wer Europa bauen will, kann dies nicht nur vom Ökonomischen her. Wirtschaftliche Fakten können Sachzwänge für Europa schaffen, aber keine Begeisterung und erst recht keine Opferbereitschaft. Die Begeisterung für Europa aber, die die Triebkraft zur Gründung der Gemeinschaft war, ist heute weitgehend verlorengegangen. Europa ist zur Selbstverständlichkeit geworden, zum Alltag. Die Menschen sind mit großer Mehrheit für Europa, aber nurmehr wenige interessieren sich aktiv.

Bei einer jüngsten Meinungsumfrage der EG erklärten zum Beispiel 70 Prozent der Deutschen und 68 Prozent der Franzosen, sie würden bei einer Volksabstimmung für Mitgliedschaft ihres Landes in der EG stimmen. Gleichzeitig aber sagten fast 80 Prozent der Befragten in den neun Ländern, sie kümmerten sich wenig oder gar nicht mehr um Gemeinschaftsfragen. So enttäuschend dieses Desinteresse ist, so wenig kann es eigentlich erstaunen. Die Menschen erleben die Europäische Gemeinschaft heute primär als Verhandlungsmaschinerie der Regierungen und als bürokratische Verwaltung fern in Brüssel. Wie soll da in ihrem Leben Europa gegenwärtig sein?

Die Direktwahl kann hier zu einer Wende werden. Und deshalb hat die Bundesregierung sich in den letzten Jahren so stark für sie eingesetzt. Wir hoffen, daß die Ratifizierung des Direktwahlbeschlusses in allen Parlamenten der neun Mitgliedstaaten rechtzeitig erfolgt, so daß das Europäische Parlament planmäßig 1978 direkt gewählt werden kann.

Zum ersten Mal wird dann ein Parlament entstehen, das *europäisch* legitimiert ist. Der entscheidende Schritt vom Gemeinsamen Markt zum Europa der Bürger ist dann getan. Es wird nicht ausbleiben, daß das Parlament zunehmend Einfluß gewinnt und zu einer vorwärtstreibenden Kraft im europäischen Einigungsprozeß wird.

Schon die Wahlen selbst werden den Europagedanken neu beleben. Bereits jetzt haben sich gleichgesinnte nationale Parteien zu europäischen Föderationen zusammengeschlossen. Politische Programme von europäischem Zuschnitt entstehen. Und im Wahlkampf wird dann das Thema Europa endgültig aus den Verhandlungssälen der Experten und Regierungen heraus zu den Bürgern hingetragen werden. Die Europa-Debatte wird wieder Anliegen einer breiten Öffentlichkeit sein.

Wir haben in den Anfangsjahren der Gemeinschaft den großen Fehler gemacht, allzusehr auf ökonomische Sachzwänge zu setzen. Aber die Einigung Europas kann nur gelingen, wenn sie von der Kraft einer Idee getrieben wird.

Die Europäische Gemeinschaft ist nicht nur eine Vereinigung zur Sicherung des materiellen Wohlstandes ihrer Mitglieder. Sie ist vielmehr die Trägerin einer großen geschichtlichen Idee: der *europäischen* Idee von der Freiheit und Würde des Menschen. Es ist der Glaube an diese Idee, der Europa eint.

Dies bringt mich zum dritten großen Thema der heutigen Europapolitik: zur Erweiterung der Gemeinschaft. Im Süden Europas sind neue freiheitliche Demokratien entstanden. Dies ist übrigens eine Entwicklung, die den modischen Pessimismus, der die Demokratie überall in der Welt im Rückzug wähnt, schlagend widerlegt. Es ist gerade umgekehrt: Das Verlangen nach Freiheit, nach Demokratie, nach Gewährung der fundamentalen Menschenrechte breitet sich aus – überall in der Welt. Im Rückzug ist nicht die Demokratie, im Rückzug ist der Wille der Menschen auf dieser Welt, es als gottgegeben hinzunehmen, daß ihnen die elementarsten Rechte vorenthalten werden.

Die wiederentstandenen Demokratien Europas streben die Aufnahme in die Europäische Gemeinschaft an. Mit Griechenland haben die Beitrittsverhandlungen bereits begonnen. Portugal hat im vergangenen Monat den Beitrittsantrag gestellt. Spanien wird gewiß bald folgen.

Mit dieser Erweiterung kommen auf die Gemeinschaft umfangreiche zusätzliche Aufgaben zu. Wir unterschätzen die Probleme nicht. Wir wissen auch, daß die Erweiterung insbesondere von den wirtschaftlich stärkeren Mitgliedsländern finanzielle Opfer fordern wird. Aber die Gemeinschaft hat, wenn sie ihrem Ideal und ihrem Sinn treu bleiben will, keine Wahl. Sie muß für alle Demokratien Europas offen sein.

Weltwirtschaftliche Zusammenarbeit in Gleichberechtigung und gemeinsamer Verantwortung

Rede vor dem Ministerrat der Organisation für Wirtschaftliche Zusammenarbeit und Entwicklung (OECD) am 23. Juni 1977 in Paris

»Ohne gesunde wirtschaftliche Verhältnisse in der Welt kann es keine politische Stabilität und keinen sicheren Frieden geben« – mit diesen Worten begründete vor dreißig Jahren der amerikanische Außenminister George Marshall seinen Plan eines großzügigen Hilfsprogramms für das zerstörte Europa. Dieser Plan war zugleich die Geburtsstunde unserer Organisation: der heutigen OECD.

Damals ging es um den Wiederaufbau der *europäischen* Wirtschaft. Heute stellt sich eine *weltweite* Aufgabe. Sie schließt in sich zwei eng miteinander zusammenhängende Ziele:

– Wir müssen, erstens, unsere eigenen Volkswirtschaften wieder zu dauerhaftem Wachstum zurückführen.

– Wir müssen, zweitens, die wirtschaftliche Entwicklung der Dritten Welt beschleunigen.

Lassen Sie mich einige Worte zunächst zum ersten Ziel sagen: *der Sicherung anhaltenden Wachstums* in unseren Ländern.

Wir haben auf der Ministerratstagung des letzten Jahres eine gemeinsame Strategie für ein nichtinflationäres Wachstum entworfen. Diese Strategie ist seither mehrmals bekräftigt worden, zuletzt anerkannt auch in dem uns vorliegenden Bericht unabhängiger Experten.

Unabdingbar für den Erfolg der gemeinsamen Strategie ist es, daß wir die Freiheit des Welthandels uneingeschränkt bewahren und festigen. Das liberale, für Handel und Investitionen offene Weltwirtschaftssystem, das wir nach 1945 schufen, hat unseren Ländern und der Welt insgesamt eine wirtschaftliche Expansion ermöglicht, die in der Geschichte ohne Beispiel ist.

Heute jedoch ist das freie Welthandelssystem schweren Belastungen ausgesetzt. Es hat diesen Belastungen bisher standgehalten. Das wird auch in Zukunft von unseren Regierungen Mut und Entschlossenheit erfordern. Geben wir dieser Entschlossenheit auch auf dieser Ministerratstagung gemeinsamen Ausdruck, indem wir die entschiedene und förmliche Absage an den Protektionismus aus den vergangenen Jahren wiederum erneuern!

Die Aufrechterhaltung des freien Handelssystems erfordert jedoch auch, daß jedes unserer Länder seiner Mitverantwortung für die Funktionsfähigkeit dieses Systems gerecht wird. Die Bundesrepublik hat schon bisher zur Stützung der Weltkonjunktur beigetragen: Sie hat als einziges der großen Industrieländer ihre Einfuhren selbst im Rezessionsjahr 1975 erhöht und hat im Aufschwungsjahr 1976 die Einfuhren weiter um 21 Prozent gesteigert. Diese Zuwachsrate liegt weit über der des Welthandels.

Die Bundesrepublik Deutschland hat darüber hinaus durch Zahlungsbilanzhilfen im bilateralen wie im multilateralen Rahmen Defizitländer tatkräftig unterstützt, Defizite zu finanzieren und Zeit für eine geordnete Anpassung zu gewinnen.

Die zweite große Herausforderung an unsere Länder ist die Aufgabe, im Verhältnis zu den *Entwicklungsländern* eine gerechte, stabile Ordnung der Zusammenarbeit zu erreichen.

In der eben beendeten Konferenz über Internationale Wirtschaftliche Zusammenarbeit in Paris haben in einer sachlichen und umfassenden Diskussion 27 Industrie- und Entwicklungsländer ihre Vorstellungen in zahlreichen Fragen angenähert und dort, wo diese Annäherung genügend fortgeschritten war, gemeinsame Schlußfolgerungen getroffen.

Sie haben es dabei zum ersten Mal auch unternommen, die für die Zukunft der Weltwirtschaft so entscheidende Frage der Energieversorgung gemeinsam zu analysieren. Für die ärmsten Entwicklungsländer wird eine Sonderhilfe von einer Milliarde US-Dollar Erleichterung bringen.

Die Konferenz machte auch deutlich, daß in einigen wichtigen Fragen weiterhin unterschiedliche Ansichten bestehen. Auf beiden Seiten – und das heißt *auch* auf seiten der *Industrieländer* – blieben Erwartungen unerfüllt. Die Konferenz war dennoch ein weiterer und wichtiger Schritt in Richtung auf unser Ziel, eine ausgewogene Ordnung der Zusammenarbeit zu erreichen.

Industrie- und Entwicklungsländer werden den Dialog weiterführen. Es ist dabei schon heute zu spüren, wie dieser Dialog angefangen hat, auf beiden Seiten ein neues Bewußtsein zu schaffen:

In den Industrieländern beginnen die Menschen zu ahnen, welch entscheidende Impulse von einer beschleunigten Entwicklung der Dritten Welt auf das Wachstum ihrer eigenen Länder ausgehen könnten. Sie beginnen zu verstehen, daß eine rapide Expansion des Handels mit den Entwicklungsländern jene Rolle des Antriebsmotors übernehmen könnte, die in den 50er und 60er Jahren die Ausweitung des Handels der Industrieländer untereinander spielte.

In den Entwicklungsländern andererseits bricht sich die Einsicht Bahn, daß das eigene Wachstum unauflöslich mit dem der Industrieländer verbunden ist. Man erkennt, daß eine Beschleunigung der Entwicklung dauerhaft nur zu erreichen ist, wenn auch die Industrieländer wieder zu stabilem Wachstum zurückfinden.

Außerdem müssen wir sehen: Der gegenwärtige Dialog, aufgesplittert auf eine Vielzahl von Gremien, ist in Gefahr, sich in einer Fülle von Detailproblemen zu verlieren.

Soll die für beide Seiten notwendige Zusammenarbeit weiterhin funktionsfähig bleiben, so muß sie auf die Basis einer Ordnung gestellt werden, die dem Prinzip der Gleichberechtigung entspricht.

Es muß dies eine Ordnung sein, die den Wandel der überkommenen Austauschstruktur zum Ziel hat und die also darauf gerichtet ist, die Entwicklungsländer von politisch gleichberechtigten Partnern mehr und mehr auch zu wirtschaftlich gleichgewichtigen und das heißt technologisch entwickelten Partnern zu machen.

In einer solchen Ordnung wird jede Seite, Industrie- *und* Entwicklungsländer, Verantwortung für das Ganze zu übernehmen haben; und jede Seite wird zu solcher Mitverantwortung bereit sein, weil sie ein *eigenes* Interesse daran hat, diese Ordnung funktionsfähig zu erhalten.

Ich hebe einige Elemente dieser gemeinsamen Verantwortung heraus:

1. Ein zentraler Beitrag, der von den Industrieländern

erwartet wird, ist das *Offenhalten der Märkte,* und das insbesondere auch für die *Fertig*waren-Ausfuhren der Dritten Welt. Nur so wird ein Wandel der Welthandelsstruktur möglich.

Das Offenhalten der Märkte wird sich in der längeren Frist als der schwierigste Beitrag erweisen, der von unseren Ländern verlangt wird. Wir sehen dies schon jetzt, denn die Umstrukturierung der weltwirtschaftlichen Arbeitsteilung ist bereits in vollem Gang.

Jede Regierung muß naturgemäß den Strukturwandel in geordneten Bahnen halten. Aber sie muß gleichzeitig die uneingeschränkte Bereitschaft aufbringen, diesen Wandel zuzulassen und ihn durch aktive Anpassungshilfen für die betroffenen Branchen zu erleichtern.

Im Ergebnis ist der Strukturwandel auch im Interesse der Industrieländer selbst. Nur so können sie Produktivität und Lohnniveau weiter steigen.

2. Die Chancen offener Märkte können gegenwärtig erst von wenigen Entwicklungsländern voll genutzt werden. Für viele ist deshalb vorerst der *Transfer von Kapital* von noch größerer Bedeutung als der Handel.

   Alle unsere Länder sind sich einig, die Kapitalhilfe zu steigern – so schwer es in der gegenwärtigen angespannten Situation der öffentlichen Haushalte auch fällt, diesen Willen in die Tat umzusetzen.

3. Ein nützliches Element innerhalb einer in sich geschlossenen Entwicklungsstrategie können Rohstoffabkommen sowie ein gemeinsamer Fonds sein, die zum Ziel haben, übermäßige Schwankungen der Rohstoffpreise zu verhindern.

   Richtig konstruiert, sollten diese Maßnahmen sowohl den Entwicklungs- wie den Industrieländern Vorteile bringen.

4. Eine herausragende Verantwortung für die Zukunft

der Weltwirtschaft haben die *ölexportierenden Länder.*

Ich bin zuversichtlich, daß diese Länder in ihrer Produktions- und Preispolitik dieser Verantwortung gerecht werden. Die ölimportierenden Länder können jedoch eine solche verantwortungsvolle Haltung nur erwarten, wenn sie ihrerseits alles tun, um Energie zu sparen und durch Entwicklung alternativer Energiequellen die begrenzten Ölvorräte der Welt zu strecken. Es ist außerdem notwendig, daß die politisch Verantwortlichen in den Industrieländern die Bürger für jene Änderungen des Lebensstils gewinnen, ohne die die Aufgabe der Energieeinsparung nicht zu lösen ist. Wir unterstützen in diesem Zusammenhang sehr die Bemühungen der Vereinigten Staaten von Amerika.

5. Eine unentbehrliche Rolle im Entwicklungsprozeß kommt dem *privaten Kapitaltransfer* zu. Dies gilt insbesondere auch für die privaten Direktinvestitionen. Auch in diesem Bereich ist die Bereitschaft der Entwicklungsländer nötig, Mitverantwortung für den Aufbau einer funktionsfähigen Ordnung zu übernehmen.

   Wir müssen Formen der industriellen Kooperation finden, die sowohl dem Anspruch der Entwicklungsländer auf volle Kontrolle ihrer Volkswirtschaften genügen, wie auch den ausländischen Investoren Rechtssicherheit gewährleisten.

6. In die gemeinsame Verantwortung für die Weltwirtschaft müssen sich auch die *sozialistischen Industrieländer* einreihen.

   Sie haben begonnen, sich in die Weltwirtschaft zu integrieren und ziehen von dieser Integration zunehmenden Nutzen. Wir erwarten deshalb, daß sie – auch in ihrem eigenen Interesse – für die Entwicklung und die Stabilität der Weltwirtschaft den Beitrag leisten,

der ihrem Potential adäquat ist.
Die große Aufgabe unserer Zeit, Hunger und Not in der Welt zu überwinden, kann nur gelöst werden, wenn *alle* Industrieländer – in West und Ost – sich an ihr voll beteiligen.

Unser Ziel ist es, die offene Weltwirtschaft durch eine Ordnung der Gleichberechtigung und der gemeinsamen Verantwortung zu stärken und fortzuentwickeln. Wir werden dazu den Dialog mit den Entwicklungsländern weiterführen.

Wir müssen gleichzeitig die interne Diskussion unserer Länder untereinander intensivieren. Dies macht es nötig, die Möglichkeiten voll auszunutzen, die uns die bestehenden Konsultationsgremien der OECD ebenso wie andere Gremien, etwa die der Europäischen Gemeinschaft, bieten.

Es gilt, eine neue Welt globaler Kooperation zu schaffen. Der OECD und der Zusammenarbeit unserer Länder in ihr fällt bei dieser Aufgabe eine sehr wichtige Rolle zu.

Partnerschaftliche Zusammenarbeit mit Asien

Rede zur Eröffnung der Südostasiatischen Kulturwoche in Tübingen am 29. August 1977

I

Ich freue mich, bei dieser Eröffnung der Südostasiatischen Kulturwoche zu Ihnen zu sprechen. Und ich freue mich besonders auch darüber, daß außer mir noch ein zweiter Außenminister spricht: Außenminister Malik von Indonesien.

Wir begrüßen in ihm den Vertreter eines großen Landes und wir begrüßen in ihm und den vielen anderen hervorragenden Persönlichkeiten aus den fünf ASEAN-Staaten zugleich die Vertreter einer Region, mit der wir uns durch enge und freundschaftliche Beziehungen verbunden fühlen.

Daß Außenminister zur Eröffnung einer Kulturwoche sprechen, hat seinen sehr guten Sinn. Unsere heutige Welt ist klein geworden. Sie wächst immer mehr und unausweichlich zu einer großen Einheit zusammen, in der alle Nationen gegenseitig voneinander abhängig sind. Die Nationen müssen *weltweit* miteinander zusammenarbeiten und aufeinander Rücksicht nehmen. Zusammenarbeit aber kann nur gedeihen in einem Klima des gegenseitigen Verstehens und der gegenseitigen Achtung.

Der kulturelle Austausch war in früheren Jahrhunderten wichtig vor allem für die eigene geistige Bereicherung und die eigene wissenschaftlich-technische Entwicklung. Heute hat er eine unentbehrliche Funktion auch für die Außenpolitik. Indem er Brücken des Veständnisses baut und Linien der Kommunikation zwischen den Völkern und Kulturen herstellt, schafft er das geistige Fundament für die politische und wirtschaftliche Zusammenarbeit der interdependenten Staaten unserer Welt.

Dies erklärt, warum heute die Auswärtige Kulturpolitik zur »Dritten Säule« unserer Außenpolitik geworden ist. Es macht zugleich deutlich, daß Auswärtige Kulturpolitik ihrem ganzen Wesen nach Gegenseitigkeit anstrebt. Ziel ist ja nicht, einseitig die eigene Kultur darzustellen, sondern Ziel ist, daß sich Kulturen und Völker gegenseitig kennenlernen und daß so auf allen Seiten Verständnis und Achtung für die geistige Eigenart des andern entsteht.

Die kulturellen Beziehungen zwischen Deutschland und Asien haben eine lange Tradition. Zwei Länder standen dabei im Vordergrund. Für die Aufklärung im 18. Jahrhundert wurde China zum großen Erlebnis. Für die deutsche Romantik im 19. Jahrhundert spielte dann Indien eine Rolle, die eigentlich nur vergleichbar ist mit der Rolle, die die griechisch-lateinische Antike für die deutsche Klassik hatte.

Die alten und reichen Kulturen Südostasiens kamen im

allgemeinen nur innerhalb des übergreifenden Zusammenhangs der hinduistischen, buddhistischen, chinesischen, islamischen und christlich-asiatischen Kulturen in den Blick. Um so bedeutsamer ist es deshalb, daß sich bei dieser Kulturwoche nun die ASEAN-Region, die fünf Länder Indonesien, Malaysia, Singapur, Philippinen, Thailand, in ihrer Besonderheit und in ihrer Vielfalt vorstellen.

Es ist – so weit ich weiß – die erste Veranstaltung dieser Art in Europa. Ich bin glücklich, daß sie bei uns in der Bundesrepublik Deutschland stattfindet. Und ich sehe darin einen Ausdruck der geistigen Verbundenheit zwischen der ASEAN-Region und der Bundesrepublik Deutschland.

Ich glaube auch, man hätte für diese Kulturwoche keinen besseren Rahmen finden können als die 500-Jahr-Feier der Universität Tübingen, einer unserer auch in der Asienforschung traditionsreichsten Universitäten.

II

Die Deutschen suchten zuerst Asiens *geistige* Schätze. Ihre »Faktoreien« waren, wie Heinrich Heine sagte, die Universitäten. Die geistigen Beziehungen standen im Verhältnis Deutschland–Asien am Anfang. Erst spät im 19. Jahrhundert kamen zu ihnen die wirtschaftlichen und politischen Beziehungen. Mit dem Ende des Kolonialismus in Asien und mit dem machtvollen Eintritt der neuen Staaten Asiens in die Weltpolitik haben sich in unserer Zeit diese politischen und wirtschaftlichen Beziehungen ausgeweitet und intensiviert.

Diese Entwicklung wird weitergehen. Asien ist ein Kraftzentrum der Weltpolitik – oder genauer: es ist eine Konzentration einer ganzen Reihe eigenständiger Kraftzentren. Um nur die wichtigsten dieser Zentren zu vergegenwärtigen: Zu Asien gehört China, das schon heute ein entscheidender Faktor der Weltpolitik ist und das eine vitale Rolle für die Erhaltung des Weltfriedens spielt.

Hierher gehört Japan, dem als einer der größten Industriemächte der Welt eine besondere Verantwortung für Stabilität, Wachstum und Entwicklung der Weltwirtschaft zukommt.

Hierher gehören die fünf Länder der ASEAN-Region, einer Region, die über eine viertel Milliarde Menschen umfaßt, die ungeheuer reich ist an Ressourcen und die in schneller Expansion begriffen ist.

Hierher gehört Indien, das nicht nur das nach China volkreichste Land der Welt ist, sondern das dank einer großen Zahl hochausgebildeter Menschen und dank einer bereits weit fortgeschrittenen Investitionsgüterindustrie eine besondere Stellung innerhalb der Entwicklungsländer einnimmt.

Mit Asien schließlich sind beide Westmächte in einer Weise verbunden, für die es eine Parallele nur in Europa gibt: Die Sowjetunion ist wie europäische, so auch *asiatische* Macht. Die Vereinigten Staaten andererseits haben als pazifische Macht ein dauerhaftes Interesse an Asien, das Außenminister Vance erst unlängst in seiner New Yorker Rede vom 29. Juni eindrucksvoll unterstrichen hat.

Ich glaube, diese wenigen Vergegenwärtigungen genügen, um ins Bewußtsein zu rufen, welch ungeheure Bedeutung Asien für die Erhaltung des Weltfriedens und für die Stabilität der Weltwirtschaft hat.

In Asien lebt mehr als die Hälfte aller Menschen der Erde. Wie Asien die Aufgabe eines friedlichen Zusammenlebens und einer beschleunigten und ausgewogenen wirtschaftlichen und sozialen Entwicklung löst, wie die asiatischen Länder ihrer großen Verantwortung für die Welt insgesamt gerecht werden – davon hängt für uns alle und gerade auch für uns Europäer Wesentliches ab. Das erklärt den hohen Stellenwert, den Asien in der Außenpolitik der Bundesrepublik Deutschland hat.

Wir Deutschen sind gezwungen, in zwei Staaten zu leben, die Bundesrepublik Deutschland liegt in Europa an der Nahtstelle von Ost und West, sie ist als zweitgrößte Handelsmacht der Welt zugleich in umfassender Weise in die Weltwirtschaft integriert. Beides bedeutet, daß die Bundesrepublik in ganz besonders hohem Grade von Frieden und von stabiler Zusammenarbeit in der Welt abhängig ist.

Sie hat damit ein unmittelbares und starkes Eigeninteresse an einem stabilen und prosperierenden Asien und sie hat ein unmittelbares und starkes Interesse an guten und engen Beziehungen zu Asien. Ich bin glücklich, daß dieses Interesse an guter und wachsender Zusammenarbeit von den asiatischen Ländern erwidert wird.

Ausdruck des Interesses der Bundesregierung an Asien ist auch, daß ich in diesem Jahr meine vierte Reise nach Asien plane.

III

Innerhalb unserer Gesamtbeziehungen zu Asien nehmen die Beziehungen zu den fünf ASEAN-Ländern einen wichtigen Platz ein. Sie sind gerade in den letzten Jahren sowohl im wirtschaftlichen wie im politischen Bereich schnell und überproportional schnell gewachsen. Am augenfälligsten ist dies im wirtschaftlichen Bereich.

Hier sprechen die Zahlen für sich selbst: So stiegen in den letzten vier Jahren die deutschen Ausfuhren in die ASEAN-Länder um durchschnittlich 20 Prozent pro

Jahr; die deutschen Einfuhren aus der Region stiegen sogar um 26 Prozent. 1976 erreichten Ausfuhren wie Einfuhren je knapp 3 Milliarden DM; der Handel war praktisch ausgeglichen. Jährliche Steigerungsraten von 20 und 26 Prozent, die über einen längeren Zeitraum durchgehalten werden, zeigen die starke und stete Dynamik der Handelsbeziehungen.

Bei den Einfuhren der Bundesrepublik scheint sich das Wachstum sogar noch zu beschleunigen. Im ersten Quartal 1977 liegen hier die Zunahmeraten zwischen 36 Prozent und 87 Prozent. Von dieser rapiden Einfuhrsteigerung werden günstige Impulse umgekehrt auf die deutschen Ausfuhren in die Region ausgehen.

Intensiv ist auch die finanzielle und technische Zusammenarbeit bei der Entwicklung der Region. Insgesamt sind den ASEAN-Ländern aus der Bundesrepublik bisher 1,8 Milliarden DM an bilateraler Kapitalhilfe und mehr als eine halbe Milliarde DM an bilateraler technischer Hilfe zugeflossen. Dazu kommt die multilaterale Zusammenarbeit, also insbesondere die Zusammenarbeit im Rahmen der Asiatischen Entwicklungsbank.

Beide Seiten, die Bundesrepublik Deutschland ebenso wie die ASEAN-Länder sind bestrebt, die wirtschaftlichen Beziehungen weiter kräftig auszubauen. Die Voraussetzung für einen solchen weiteren Ausbau sind günstig. Die ASEAN-Region ist eine der an Ressourcen reichsten und eine der am schnellsten expandierenden Regionen der Dritten Welt.

Die Bundesrepublik Deutschland bietet – wie die steil steigenden Einfuhren beweisen – einen aufnahmefähigen großen Markt für die Erzeugnisse der Region. Umgekehrt bedeutet das schnelle wirtschaftliche Wachstum der ASEAN-Länder auch eine schnelle Ausdehnung der Absatzmärkte für die deutsche Industrie in dieser Region.

Noch besser als bisher sollten wir die Chancen für

Investitionen deutscher Unternehmen in den ASEAN-Ländern nutzen. Privat-Investitionen übertragen nicht nur Kapital, sondern gleichzeitig Technologie und moderne Management-Techniken. Sie bringen – vor allem bei Investitionen von großen Unternehmen – zugleich den Anschluß an ein weltweites Verteilungsnetz mit sich. Solche Investitionen können also eine wichtige, ja geradezu eine unentbehrliche Rolle im Entwicklungsprozeß spielen.

Die Regierungen der ASEAN-Läner erkennen dies. Sie suchen deshalb Bedingungen zu schaffen, die einerseits die organische Einordnung solcher Investitionen in den Entwicklungsprozeß sicherstellen und die andererseits dem Investor Rechtssicherheit und einen fairen Anteil an dem Vorteil der Zusammenarbeit gewähren. Nur so können für beide Beteiligte Anreize zu Investitionen geschaffen und aufrechterhalten werden.

Die Bundesregierung ihrerseits fördert Investitionen in den Entwicklungsländern durch Steuererleichterungen und andere Maßnahmen.

IV

Ständig enger sind in den letzten Jahren jedoch nicht nur die wirtschaftlichen Beziehungen, sondern auch die *politischen* Beziehungen zwischen der Bundesrepublik Deutschland und den ASEAN-Ländern geworden.

Meiner Reise nach Indonesien und Singapur im April wird noch in diesem Jahr eine Reise der Staatsministerin im Auswärtigen Amt nach Thailand, Malaysia und in die Philippinen folgen. In Kuala Lumpur wird in diesem Jahr eine Konferenz der deutschen Botschafter in Asien stattfinden.

Die starke Zunahme der Kontakte gilt jedoch in ganz

besonderem Maße auch für die Gespräche im multilateralen Bereich, und insbesondere im VN-Bereich.

Die starke Intensivierung der politischen Zusammenarbeit erhält ihren Antrieb von einer großen Kraft: die fünf ASEAN-Länder und die Bundesrepublik Deutschland stimmen im Grundprinzip und im Grundziel ihrer Außenpolitik überein: Alle unsere Länder wollen beitragen zu einer Welt, in der die Nationen in *Gleichberechtigung* zusammenarbeiten.

Die Interdependenz unserer modernen Welt zwingt uns zu einer globalen Zusammenarbeit. Die große Aufgabe ist, diese Zusammenarbeit auf die feste Basis einer stabilen Ordnung zu stellen.

In der bisherigen Geschichte der Menschheit bedeutete Ordnung zwischen Staaten zumeist Unterordnung der kleineren und schwächeren Staaten unter Großmächte.

Es ist die Grundüberzeugung der deutschen Außenpolitik, daß die Zeit, in der die internationale Ordnung durch Vorherrschaft auf der einen, durch Unterwerfung auf der anderen Seite gesucht wurde, vorüber sein muß. Das gilt für Europa, wie für Asien, wie für den übrigen Teil der Welt. Aber wir wissen, die Idee der Hegemonie ist noch keineswegs überall tot. Aber sie läuft dem Trend der Weltgeschichte entgegen.

Die stärkste Kraft der Geschichte ist heute der Wille der Nationen zur Unabhängigkeit und Selbstbestimmung. Dies gilt gerade auch für die noch jungen Staaten der Dritten Welt. Die Großmacht-Politik alten Stils, die Politik der Vorherrschaft und der Errichtung von Einflußsphären hat keine Zukunft mehr. Sie hat keine Zukunft mehr auch in der modernen subtileren Form, die Hegemonie durch ideologische Vorherrschaft zu begründen sucht – also durch ideologischen Kolonialismus.

Dauerhafte und fruchtbare Zusammenarbeit zwischen den Staaten läßt sich unter den Bedingungen der heutigen

Welt nur auf mehr *einem* Weg sichern: nämlich durch eine Ordnung, die auf Gleichberechtigung und auf gerechtem Ausgleich der Interessen beruht. Und das heißt durch eine Ordnung, in die sich alle Beteiligten freiwillig einfügen, weil alle Beteiligten an ihr ein eigenes Interesse haben.

Aus dieser Erkenntnis heraus und aus dieser moralischen Überzeugung heraus hat die Bundesrepublik Deutschland die Achtung vor der Selbstbestimmung und Gleichberechtigung der Nationen von Anfang an zum Grundstein ihrer Außenpolitik gemacht:

Wir fordern die Selbstbestimmung für die deutsche Nation.

Wir wollen eine Europäische Gemeinschaft, in der jedes Mitglied gleichen Rang und gleiches Recht hat.

Wir sehen das Nordatlantische Bündnis als den Zusammenschluß gleichberechtigter Staaten.

Wir streben mit unserer Entspannungspolitik gleichberechtigte Zusammenarbeit mit den östlichen Ländern an.

Wir wollen gleichberechtigte Partnerschaft auch mit den Staaten der Dritten Welt.

Wir stellen uns deshalb voll hinter den Anspruch der Entwicklungsländer auf Unabhängigkeit und Selbstbestimmung.

Wir streben nicht nach Einflußsphären in der Dritten Welt, wir wollen keine Ideologien exportieren, wir wollen vielmehr eine Welt, in der die Nationen ihre politische, ihre wirtschaftliche und ihre kulturelle Lebensform selbst bestimmen und in der sie partnerschaftlich und gleichberechtigt zusammenarbeiten.

Mit diesem Ziel wissen wir uns in voller Übereinstimmung mit den ASEAN-Ländern. Diese Länder haben als Zweck ihres regionalen Zusammenschlusses die Zusammenarbeit im Geiste der Gleichheit und Partnerschaft proklamiert. Sie haben auf der Gipfelkonferenz in Kuala Lumpur zu Anfang dieses Monats erneut den gemeinsamen Willen bekräftigt, »ihr eigenes Geschick ohne Einmischung außerregionaler Mächte zu gestalten«. Die Bundesrepublik Deutschland achtet diese Ziele und unterstützt sie voll.

Gleichberechtigung muß, wie für die politischen Beziehungen, so auch für die wirtschaftlichen Beziehungen gelten. Das Ziel der Gleichberechtigung erfordert hier, daß wir die aus der Kolonialzeit überkommene Arbeitsteilung überwinden, bei der die Entwicklungsländer vor allem Rohstoffe und die Industrieländer vor allem Fertigprodukte liefern.

Wir müssen von dieser vertikalen Arbeitsteilung zu einem mehr horizontalen Handelsaustausch kommen, wie wir ihn heute zwischen den entwickelten Ländern des Westens haben. Jede Veränderung von Strukturen, die über Jahrhunderte hin gewachsen sind, braucht Zeit und kann nur in einem allmählichen, aber kontinuierlichen Prozeß erreicht werden..

Sie erfordert, daß die entwickelten Länder den Entwicklungsländern Hilfe beim Aufbau weiterverarbeitender Industrien geben. Sie erfordert insbesondere den Transfer von Technologie: Die Bundesregierung hat in der Frage dieses Transfers stets den Standpunkt vertreten, daß es keine Diskriminierung geben darf, daß den Ländern der Dritten Welt vielmehr voller Anteil an der technologischen Entwicklung ermöglicht werden muß.

Die Überwindung der überkommenen Arbeitsteilung erfordert schließlich und vor allem, daß die Industrieländer den Halb- und Fertigwaren der Dritten Welt Zugang zu ihren Märkten geben, die Märkte offenhalten und weiter öffnen, daß sie – mit einem Wort – auch ihrerseits bereit sind zum Strukturwandel.

Dieser Strukturwandel liegt im beiderseitigen Interesse. Er liegt auch – ich betone dies – im eigenen Interesse der Industrieländer. Strukturwandel ist die Bedingung des Fortschritts. Nur so können die hochentwickelten Länder ihre Produktivität und das heißt ihr hohes Lohnniveau und ihren hohen Lebensstandard aufrechterhalten und weiter steigern.

In der kurzen Frist bedeutet Strukturwandel eine oft schmerzliche Anpassung der betroffenen Branchen. In der gegenwärtigen Situation bereits hoher und zum Teil strukturell bedingter Arbeitslosigkeit in den westlichen Ländern ist diese Anpassung besonders schwierig. Dies erklärt, warum heute der protektionistische Druck so ungleich stärker ist als jemals zuvor in den vergangenen dreißig Jahren.

Gerade in dieser Situation aber kommt es darauf an, daß wir dem Prinzip des freien Handels treu bleiben, dem Prinzip, dem die Weltwirtschaft ihr beispielloses Wachstum seit dem Ende des Zweiten Weltkrieges verdankt. Jede Regierung muß naturgemäß den Strukturwandel in geordneten Bahnen halten. Aber das zu sagen, heißt eben auch: sie muß diesen Wandel grundsätzlich zulassen, sie darf ihn nicht verhindern.

Die ASEAN-Länder haben auf ihrer Gipfelkonferenz in Kuala Lumpur mit allem Nachdruck davor gewarnt, den protektionistischen Tendenzen im Welthandel nachzugeben. Sie haben in der Bundesrepublik Deutschland einen entschlossenen Verbündeten.

In dem Bestreben, ihre politische und kulturelle Unabhängigkeit gegen Einmischung von außen zu sichern und die wirtschaftliche Entwicklung zu beschleunigen, gehen die fünf ASEAN-Länder einen Weg, den vor ihnen schon die sechs und heute neun Staaten der Europäischen Gemeinschaft eingeschlagen haben: *den Weg des regionalen Zusammenschlusses.*

Die Europäische Gemeinschaft feierte in diesem Jahr ihren 20. Gründungstag. ASEAN feierte den 10. Die fünf ASEAN-Länder haben in den letzten Jahren auf dem

Weg zur regionalen politischen und wirtschaftlichen Zusammenarbeit wichtige Fortschritte gemacht. Die beiden Gipfelkonferenzen von Bali im letzten und von Kuala Lumpur in diesem Jahr haben Marksteine gesetzt.

Die ASEAN-Länder sind bemüht, den gegenseitigen Handelsaustausch durch präferentielle Zollverminderungen zu beschleunigen, sie planen gemeinsame Industrieprojekte und sie arbeiten in den Rohstoffragen zusammen. Wirtschaftlich wie politisch treten sie nach außen hin immer stärker mit einer Stimme auf. Die ASEAN wird dadurch zunehmend zu einer Kraft in der Weltpolitik, und sie ist schon heute ein wesentlicher Faktor für das Macht-Gleichgewicht und die Stabilität in Asien. Die Gesamtregion Südostasien umfaßt mit den ASEAN-Ländern und den Ländern Indochinas Staaten mit unterschiedlichen Ideologien und unterschiedlichen politischen und wirtschaftlichen Ordnungen.

Wie den Staaten der Europäischen Gemeinschaft stellt sich damit auch den ASEAN-Staaten die Aufgabe, den Frieden der Gesamtregion zu sichern, indem sie über die ideologischen Grenzen hinweg Brücken der Verständigung und der Zusammenarbeit zu schlagen versuchen. Auf der Kuala-Lumpur-Konferenz haben die ASEAN-Staaten ihren Wunsch nach friedlichen Beziehungen und gegenseitig vorteilhafter Zusammenarbeit mit Vietnam, Kambodscha und Laos klar bekundet.

Größte Bedeutung für das Macht-Gleichgewicht in der Region und in Asien insgesamt hat die diplomatische Annäherung und die wachsende Zusammenarbeit zwischen China und den ASEAN-Ländern. Die Bedeutung dieser Annäherung wird von beiden Seiten klar erkannt.

Die Konferenz von Kuala Lumpur brachte einen zukunftsweisenden Ansatz für die engere Kooperation der ASEAN-Länder mit den benachbarten hochentwickelten Ländern Japan, Australien und Neuseeland. Vorbild für diese Initiative ist die Konvention von Lomé, in der die Europäische Gemeinschaft und heute 52 Staaten Schwarzafrikas, der Karibik und des Pazifik eine umfassende und ausgewogene Zusammenarbeit zwischen Industrie- und Entwicklungsländern organisierten.

Als Gruppe wollen die ASEAN-Länder auch ihre Zusammenarbeit mit den Vereinigten Staaten ausbauen und so den bilateralen Beziehungen zusätzliche Impulse geben.

Als Gruppe arbeiten die ASEAN-Länder seit längerem bereits mit den Ländern der Europäischen Gemeinschaft zusammen. Diese Zusammenarbeit ruht – wirtschaftlich wie politisch – auf einem starken Fundament gemeinsamer Interessen. Wirtschaftlich ergänzen sich beide Regionen in vielfältiger Weise. Politisch sieht jede Seite im regionalen Zusammenschluß ein Instrument zur Sicherung von Unabhängigkeit, Frieden und Fortschritt. Dies ist ein starkes Motiv für die Zusammenarbeit.

Die Länder der Europäischen Gemeinschaft sind an der Unabhängigkeit der ASEAN-Region vital interessiert, so wie die ASEAN-Länder vital interessiert sind an einem unabhängigen Europa. Beides ist für das Macht-Gleichgewicht und den Frieden in der Welt von größter Bedeutung. Die Europäische Gemeinschaft sucht daher, den Zusammenschluß der ASEAN-Länder durch Vermittlung ihrer eigenen Integrationserfahrungen zu unterstützen.

Sie ist sich zugleich mit den ASEAN-Ländern einig in dem Wunsch, die gegenseitigen wirtschaftlichen Beziehungen stetig weiter auszubauen. Zu diesem Zweck wurde im letzten Jahr eine gemeinsame Studiengruppe EG/ASEAN gegründet. Im April dieses Jahres fand in Brüssel eine erste Konferenz zwischen den ASEAN-Ministern und der EG-Kommission statt. Künftig soll in diesen Dialog auch der EG-Ministerrat einbezogen werden, um so den hohen politischen Rang, den auch die wirtschaftliche Zusammenarbeit zwischen den beiden Regionen hat, noch deutlicher zu machen.

Gleichzeitig intensiviert sich auch die *politische* Zusammenarbeit zwischen den beiden Regionen. Die Staaten der Europäischen Gemeinschaft und die ASEAN-Staaten sind natürliche Partner in dem Willen, ihre Selbständigkeit in der Gemeinschaft mit anderen zu sichern. Die ASEAN-Staaten haben in der Bundesrepublik Deutschland einen Anwalt der Partnerschaft zwischen beiden Staatengruppen.

Das Europa der Neun will insbesondere auch die Kontakte und Konsultationen im VN-Bereich, und das heißt, ebenso in New York wie auf den weltweiten VN-Konferenzen, enger gestalten.

V

Die *interregionale* Zusammenarbeit zwischen dem Europa der Neun und den ASEAN-Ländern ist schon heute ein Faktor der Stabilität und des Gleichgewichts in der Welt. Sie ist eine Kraft, die auf die friedliche Lösung der Konflikte in der Welt und auf einen gerechten Ausgleich der Interessen hinwirkt.

Sie kann und – davon bin ich zutiefst überzeugt – sie *wird* einen wesentlichen Beitrag leisten zu der großen Aufgabe unserer Generation, von deren Lösung die Zukunft der Menschheit abhängt: Die Schaffung einer Welt des Friedens, in der Hunger und Not überwunden sind und in der alle Nationen in freier Selbstbestimmung und in Gleichberechtigung partnerschaftlich zusammenarbeiten.

Deutsche Außenpolitik

Rede vor der 32. Generalversammlung der Vereinten Nationen in New York am 29. September 1977

Wir sind zusammengekommen, um eine Welt, die geteilt ist durch ideologische Gegensätze, getrennt durch eine Kluft zwischen armen und reichen Nationen, zerrissen durch eine Vielfalt von Konflikten – um diese Welt ein Stück voranzubringen auf dem langen Weg zu unserem Ziel: einer Welt des Friedens, des wirtschaftlichen und sozialen Fortschritts und der Achtung vor der Würde des Menschen.

Den Vereinten Nationen als der einzigen weltumspannenden Organisation kommt bei dieser Aufgabe eine zentrale Bedeutung zu.

Unsere Zeit ist eine Zeit tiefgreifender Veränderung. Neues Denken und Handeln sind gefordert. Noch vor einer Generation wurde der Gang der Welt bestimmt von einigen wenigen Großmächten. Seitdem sind hundert neue Staaten entstanden und mit eigenen Vorstellungen und Ansprüchen in die Weltpolitik eingetreten. Zum ersten Mal in der Geschichte sind sich die Staaten der Erde zugleich bewußt, daß sie *weltweit* aufeinander angewiesen sind.

Immer klarer wird gesehen: Wir müssen unsere Zeit des Übergangs durch Kooperation zu einer Ära gemeinsamen Fortschritts machen, wenn sie nicht durch Konfrontation zu einer Ära gemeinsamen Niedergangs werden soll.

Die Welt ist auf der Suche nach einer gerechten Ordnung der Zusammenarbeit. In der Vergangenheit wurde Ordnung zwischen Staaten oft verstanden als Über- und Unterordnung – politisch, militärisch und wirtschaftlich.

Diese Politik der Vorherrschaft hat keine Zukunft mehr. Zwar ist die Idee, die eigenen Interessen durch Machtpolitik zu sichern, noch keineswegs tot. Aber gegen sie steht die stärkste Kraft unserer Epoche: der Wille der Nationen zu Selbstbestimmung und Unabhängigkeit.

Dieser Wille ist stark gerade auch bei den Nationen Afrikas, Asiens und Lateinamerikas. Er hat die großen Kolonialreiche aufgelöst. An ihm wird jeder Versuch scheitern, neue Abhängigkeiten zu begründen. Dies gilt auch für den Versuch, Vorherrschaft durch Ideologie zu errichten – durch ideologischen Kolonialismus.

Unter den Bedingungen der modernen Welt lassen sich die eigenen Interessen dauerhaft nur durch eine Politik der Zusammenarbeit und des gerechten Interessenausgleichs sichern. Die Weltordnung der Zukunft kann nur eine Ordnung der Gleichberechtigung sein.

Die Bundesrepublik Deutschland hat die Achtung vor der Selbstbestimmung und der Gleichberechtigung der Nationen von Anfang an zur Grundlage ihrer Außenpolitik gemacht:

Wir wollen die Selbstbestimmung für die unteilbare deutsche Nation.
Wir bauen mit an der Europäischen Gemeinschaft, in der jedes Mitglied gleichen Rang und gleiches Recht hat.
Wir gestalten das Nordatlantische Bündnis mit als einen Zusammenschluß gleichberechtigter Staaten.
Wir streben mit unserer Entspannungspolitik gleichberechtigte und beiderseits vorteilhafte Zusammenarbeit mit unseren östlichen Nachbarländern an.
Wir wollen gleichberechtigte und ausgewogene Partnerschaft mit den Staaten Afrikas, Asiens und Lateinamerikas. Wir stellen uns voll hinter ihren Anspruch auf Unabhängigkeit und eigenständige Entwicklung.

Wir wollen, mit einem Wort, *eine Welt ohne Vorherrschaft.* Wir streben nicht nach Einflußsphären, wir wollen keine Ideologien exportieren, wir wollen vielmehr eine Welt, in der alle Nationen ihre politische, wirtschaftliche und kulturelle Lebensform selbst bestimmen und in der sie partnerschaftlich zusammenarbeiten.

Zu einer großen Kraft für eine solche Welt der Unabhängigkeit und Gleichberechtigung der Nationen ist die Bewegung der Ungebundenen geworden. Einen wichtigen Beitrag können auch regionale Zusammenschlüsse leisten, die auf der Basis der Gleichberechtigung beruhen – in Asien, in Afrika, in Lateinamerika.

Unser Ziel ist eine *Welt der Partnerschaft.* Das bedeutet:

1. Wir müssen, um den Frieden zu sichern, zwischen westlichen und östlichen Industrieländern über die ideologischen Gegensätze hinweg konstruktiv zusammenarbeiten.
2. Wir müssen den friedensgefährdenden und kräftevergeudenden Rüstungswettlauf beenden.

3. Wir müssen die in vielen Regionen der Welt schwelenden Konflikte auf friedlichem Wege lösen.
4. Wir müssen die Kluft zwischen armen und reichen Nationen stetig verringern. Wir müssen Hunger und Not in der Welt überwinden.
5. Wir müssen die Achtung vor den Rechten und der Würde des Menschen zum Fundament der Gerechtigkeit und der Stabilität in der Welt machen.

I

Die Sicherung des Friedens

Die Politik der *Friedenssicherung* entscheidet in einer Welt nuklearer Waffen über das Schicksal der Menschheit. Friedenssicherung ist das gemeinsame Ziel aller demokratischen Kräfte in meinem Land.

Friedenssicherung ist mehr als die Vermeidung von Krieg. Durch den Verzicht auf Gewalt und die friedliche Lösung der Konflikte müssen wir zu einer Welt der Partnerschaft kommen.

Die Staaten der Europäischen Gemeinschaft haben diesen Weg beschritten. Noch in diesem Jahrhundert standen sie sich zweimal in Kriegen gegenüber; heute ist das Europa der Neun zu einer Kraft des Friedens in der Welt geworden.

Im Nordatlantischen Bündnis haben sich demokratische Staaten Europas und Nordamerikas zusammengeschlossen, um den Frieden zu sichern.

Europäische Gemeinschaft und Nordatlantisches Bündnis wiederum sind die festen Fundamente, von denen aus der Prozeß der *Ost-West-Entspannung* eingeleitet werden konnte.

Die Bundesrepublik Deutschland hat einen erheblichen Beitrag geleistet, um Entspannung in Europa zu ermöglichen. Sie hat durch die Verträge von Moskau, Warschau und Prag den Weg zu normalen Beziehungen mit ihren östlichen Nachbarstaaten geöffnet.

Wie bei dieser Entwicklung werden auch in Zukunft die Beziehungen zwischen der Bundesrepublik Deutschland und der Sowjetunion für die Entspannung in Europa von grundlegender Bedeutung sein. Wir wollen diese Beziehungen auch weiterhin ausbauen. Durch den Grundlagenvertrag mit der DDR wurde eine Basis für das Zusammenleben der beiden deutschen Staaten geschaffen.

Bestandteil dieser Politik der Bundesrepublik Deutschland ist das erklärte Ziel, auf einen Zustand des Friedens in Europa hinzuwirken, in dem das deutsche Volk in freier Selbstbestimmung seine Einheit wiedererlangt.

Wir sind gewiß: Die Geschichte wird auch hier zeigen, daß der Wille einer Nation zur Einheit sich behauptet. Niemand kann sich der Logik der Geschichte mit ideologischen Ausflüchten entziehen.

Die *Konferenz über Sicherheit und Zusammenarbeit in Europa* hat den bilateral eingeleiteten Entspannungsprozeß unter den 35 Teilnehmerstaaten weitergeführt und ausgebaut. Die Schlußakte von Helsinki ist eine klare Absage an den Gedanken der Vorherrschaft. Die Beziehungen in Gesamteuropa sollen auf das Prinzip der souveränen Gleichheit aller Staaten gegründet sein.

Auf dem bevorstehenden KSZE-Folgetreffen ist nüchtern Bilanz zu ziehen, ob und wieviel die allgemeinen Prinzipien und die konkreten wirtschaftlichen und humanitären Absichtserklärungen der Schlußakte bisher verwirklicht wurden, und was noch weiter zu tun ist.

Die Bundesregierung wird sich dafür einsetzen, daß das Folgetreffen der Entspannung neue Impulse gibt. Belgrad darf nicht Endstation werden; es muß Zwischenstation in einem langfristig angelegten Entspannungsprozeß sein. Es darf nicht zu einem Rückfall in den kalten Krieg kommen, der weitere Fortschritte unmöglich machen und das Erreichte gefährden würde.

Die Entspannung in Europa geht von den bestehenden Realitäten aus. Zu diesen Realitäten gehören die Bindungen West-Berlins zur Bundesrepublik Deutschland. Wir werden alles tun, um die Lebensfähigkeit West-Berlins zu sichern.

West-Berlin muß am Prozeß der Entspannung und seinen Fortschritten voll teilhaben. Dafür ist das Viermächte-Abkommen über Berlin von entscheidender Bedeutung. Es muß strikt eingehalten und voll angewendet werden. Berlin ist Symbol und Gradmesser der Bereitschaft zu Entspannung und Zusammenarbeit zwischen Ost und West.

Wir wissen, die Gegensätze der Ideologien zwischen Ost und West werden weiter bestehen. Wir sind bereit zum Wettstreit der Ideen und der Leistung. Entspannung schließt jedoch aus, daß eine Seite der anderen ihr System aufzuzwingen versucht.

Ost und West haben, jenseits aller ideologischen Rivalität, ein gemeinsames Interesse an der Sicherung des Weltfriedens, an dem Ausbau beiderseits vorteilhafter Zusammenarbeit und an der Lösung der Probleme der Entwicklungsländer. Diese brauchen den Beitrag der westlichen und der östlichen Industrieländer zur Bewältigung ihrer Aufgaben. Sie können nichts weniger brauchen als eine Übertragung des Ost-West-Gegensatzes in ihre Regionen.

Präsident Carter hat das Ziel unlängst in seiner Rede in Charleston formuliert: »Unser Ziel«, so sagte er, »ist nicht, Uneinigkeit zu fördern und die Welt erneut in zwei gegeneinander stehende ideologische Lager zu teilen.

Unser Ziel ist vielmehr, den Bereich unabhängiger, wirtschaftlich eigenständiger Nationen auszudehnen.«

II

Abrüstung und Nicht-Verbreitung von Kernwaffen

Eine Welt der Partnerschaft kann sich nur in einem Klima internationalen Vertrauens entwickeln. Dieses Vertrauen setzt voraus, daß die Völker und Menschen frei von Furcht leben. Sie haben ein Recht darauf, vor der Androhung oder Anwendung von Gewalt sicher zu sein – sei es Gewalt in der Form politischer oder wirtschaftlicher Knebelung, sei es Gewalt von Waffen, gleichgültig, welcher Art diese Waffen sein mögen. Das westliche Verteidigungsbündnis hat deshalb 1976 die Forderung erhoben, daß kein Land mehr Rüstung aufbauen solle, als es zu seiner Verteidigung benötigt.

Die Bundesrepublik Deutschland hat sich von Anfang an dazu bekannt, daß Gewalt kein Mittel zur Lösung von Problemen sein kann. Sie tritt deshalb auch aktiv für eine weltweite, ausgewogene und kontrollierte Abrüstung ein. Dem Rüstungswettlauf muß ein Ende gemacht werden.

Wir nehmen die Aufgabe ernst, die wir mit der Mitgliedschaft in dem Genfer Abrüstungsausschuß der Vereinten Nationen übernommen haben.

Wir haben von Anfang an die Initiative für eine VN-Sonder-Generalversammlung für Abrüstung mitgetragen.

Wir haben, bevor es den Vertrag über die Nichtverbreitung von Kernwaffen gab, auf solche Waffen verzichtet.

Wir sehen in der Nichtverbreitung von Kernwaffen eine wesentliche Voraussetzung für die Sicherung des Friedens.

Als Mitglied des Nichtverbreitungsvertrags appellieren wir erneut an alle Staaten, die noch abseits stehen, diesem Vertrag beizutreten.

Der Rüstungswettlauf vergeudet enorme Ressourcen in einer Welt, die ihre Kräfte auf die Überwindung von Hunger und Not konzentrieren müßte. Rüstungsausgaben von ca. 330 Milliarden Dollar im Jahre 1976 sind eine Herausforderung an die Vernunft und die moralische Kraft aller Staaten.

Die bevorstehende Sonder-Generalversammlung über Abrüstung muß klar die Wege weisen, wie wir dieser Herausforderung gerecht werden. Sie darf nicht in Unverbindlichkeiten steckenbleiben. Neben den weltweiten Bemühungen um die Abrüstung sind regionale Anstrengungen vor allem dort notwendig, wo der Umfang des vorhandenen militärischen Potentials dies besonders dringlich macht.

Deshalb wirkt die Bundesrepublik Deutschland aktiv an den Wiener MBFR-Verhandlungen mit. Unsere Ziele sind einfach und klar:

1. Wir wollen Parität der Streitkräfte in Mitteleuropa; keine Seite soll mehr Streitkräfte haben als die andere.
2. Wir wollen diese Parität auf einem niedrigeren Niveau.

Die Verwirklichung dieser Ziele wäre ein Schritt zu größerer Stabilität. Sie könnte dem Entspannungsprozeß neue starke Impulse geben.

Bei allen Bestrebungen für Abrüstung und Rüstungskontrolle – weltweit und regional – sind wir uns der Bedeutung bewußt, die die SALT-Verhandlungen der Vereinigten Staaten und der Sowjetunion haben. Wir begrüßen die Anstrengungen, die hier unternommen werden. Fortschritte in diesen Verhandlungen werden sich vorteilhaft auf die Entspannung im allgemeinen und auf andere Bemühungen um Abrüstung und Rüstungskontrolle auswirken.

III

Friedliche Lösung von Konflikten

Die Entwicklung einer Welt der Partnerschaft setzt voraus, daß wir *Konflikte* auf friedlichem Wege lösen. Drei Konfliktherde stehen seit Jahren auf der Tagesordnung der Generalversammlung: der Nahe Osten, Zypern und das südliche Afrika.

Im *Nahen Osten*, einer mit den Staaten der Europäischen Gemeinschaft eng verbundenen Nachbarregion, haben wir mit Erleichterung das Ende des Bürgerkrieges im größten Teil des *Libanon* gesehen. Aber noch herrscht nicht Frieden. Wir appellieren deshalb an alle, die an den immer wieder aufflackernden Kämpfen im Süden Libanons beteiligt sind, endlich die Waffen schweigen zu lassen. Dies ist notwendig nicht nur für den Libanon selbst, sondern für die Stabilität und den Frieden der ganzen Region.

Von vitaler Bedeutung auch für Europa und die Welt ist eine Lösung des *Nahost-Konflikts*. Die Bundesrepublik Deutschland hat zusammen mit ihren Partnern in der Europäischen Gemeinschaft in der Erklärung des Europäischen Rats vom 29. Juni 1977 noch einmal die Grundsätze für eine Lösung bekräftigt.

Eine gerechte und dauerhafte Friedensregelung muß, von den Sicherheitsrats-Resolutionen 242 und 338 ausgehend, folgende Grundsätze verwirklichen:

– Sie muß das Prinzip der Unzulässigkeit des Gebietserwerbs durch Gewalt verwirklichen.

- Sie muß das Recht aller Staaten der Region, und das heißt auch das Recht Israels, achten, innerhalb sicherer und anerkannter Grenzen in Frieden zu leben.
- Sie muß die territoriale Besetzung beenden, die Israel seit 1967 aufrechterhält.
- Sie muß die legitimen Rechte der Palästinenser berücksichtigen.

Im Verständnis der Bundesrepublik Deutschland gehört zu den Rechten des palästinensichen Volkes das Recht auf Selbstbestimmung und auf effektiven Ausdruck seiner nationalen Identität. Eine Lösung muß deshalb der Notwendigkeit eines Heimatlandes für das palästinensische Volk Rechnung tragen.

Die Staaten der Europäischen Gemeinschaft haben alle Parteien mit Nachdruck aufgefordert, die Friedensverhandlungen möglichst bald aufzunehmen. An diesen Verhandlungen müssen die Palästinenser beteiligt werden.

Der Weg zu Verhandlungen darf nicht durch einseitige Schaffung von Tatsachen behindert werden. Die Bundesregierung spricht sich deshalb auch von dieser Stelle gegen die Gründung israelischer Siedlungen in den besetzten arabischen Gebieten aus.

Die Bundesrepublik Deutschland hat freundschaftliche Beziehungen zu allen Staaten der Region und nützt diese Beziehungen, um auf einen friedlichen Ausgleich hinzuwirken. Die zu Beginn des Jahres sichtbar gewordenen günstigen Ansätze müssen genutzt werden. Dazu ist notwendig, daß alle Beteiligten Respekt vor den unverzichtbaren Rechten des anderen zeigen.

Ich appelliere eindringlich an alle Konfliktparteien, sich ihrer Verantwortung für die Erhaltung des Weltfriedens bewußt zu sein und durch Realismus und Kompromißbereitschaft eine Friedensregelung zu ermöglichen.

Die Stagnation in der Suche nach einer Lösung muß endlich auch im *Zypern-Konflikt* überwunden werden. Jede Regelung muß die Souveränität und territoriale Integrität Zyperns wahren. Das Ziel, der unabhängigen zyprischen Republik eine bi-kommunale und föderative Struktur zu geben, muß und kann nur in direkten Verhandlungen zwischen den beiden Volksgruppen erreicht werden. Die Bundesrepublik Deutschland unterstützt die Bemühungen des Generalsekretärs der Vereinten Nationen, solche Verhandlungen unter seiner Schirmherrschaft zum Erfolg zu führen.

In den Vordergrund der Weltpolitik sind in den letzten Jahren immer stärker die Probleme *Afrikas* getreten. Die Politik der Bundesregierung ist klar: Wir sind für die Gleichberechtigung der Rassen. Wir sind gegen Kolonialismus, gegen Rassendiskriminierung jeglicher Art und gegen jeden Versuch, durch Machtpolitik von außen neue Abhängigkeiten in Afrika zu begründen.

Mit Blick auf die fortdauernde Unterdrückung der schwarzen Mehrheit im südlichen Afrika hat Präsident Nyerere einmal gesagt: »Der Mensch ist so geschaffen, daß er nicht ruhen wird, bevor er fühlt, daß er Freiheit hat und die menschliche Würde, die mit der Freiheit geht. Wird ihm dies verweigert, so wird er früher oder später für seine eigene Freiheit innerhalb seiner Gesellschaft und für die Freiheit seiner Gesellschaft von äußerer Herrschaft kämpfen.«

Die Bundesrepublik Deutschland drängt deshalb im südlichen Afrika auf eine *friedliche Lösung* der Probleme, bevor es zu spät ist – auf einen friedlichen Wandel, der alle Rassen in eine gemeinsame Zukunft der Unabhängigkeit und des gleichberechtigten Zusammenlebens führen soll.

Sie steht in der Gemeinschaft der Staaten, die in den Konferenzen von Maputo und Lagos eindrucksvoll ihre

Entschlossenheit bekundet haben, die Restbestände des Kolonialismus und der Rassendiskriminierung im südlichen Afrika zu überwinden. Sie ist sich einig mit den Zielen all derer, die sich in den Befreiungsbewegungen und anderswo für Selbstbestimmung und Menschenrechte *mit friedlichen Mitteln* einsetzen.

In der *Rhodesien-Frage* unterstützt die Bundesregierung alle internationalen Bemühungen – so insbesondere die britisch-amerikanische Initiative –, das illegale Minderheitsregime abzulösen und einen raschen und friedlichen Übergang der Herrschaft an die schwarze Mehrheit herbeizuführen.

In der *Namibia -Frage* wirkt die Bundesregierung aktiv an der Initiative der fünf westlichen Sicherheitsratsmitglieder mit, die auf der Basis der Sicherheitsrats-Resolution 385 den Weg Namibias in die Unabhängigkeit ebnen will. In allgemeinen und freien Wahlen, unter Beteiligung der SWAPO, sollen die Bürger Namibias ihre Zukunft bestimmen.

Den Vereinten Nationen kommt hierbei eine wichtige Rolle zu. Wir erwarten, daß sie einen Beauftragten für die Überleitung Namibias in die Unabhängigkeit stellen und daß sie für die Zeit des Übergangs zum Schutz der inneren Sicherheit und der territorialen Integrität Namibias durch Friedenstruppen beitragen.

Nach Erlangung der politischen Unabhängigkeit wird Namibia vor der großen Aufgabe stehen, eine eigenständige Volkswirtschaft aufzubauen. Dazu bedarf es der Hilfe seiner Freunde. Die Bundesrepublik Deutschland sieht hier eine wichtige Aufgabe.

Mit allem Nachdruck setzt sich die Bundesrepublik Deutschland für die Beendigung der Rassendiskriminierung in der *Republik Südafrika* ein. Wir fordern:

– die Aufgabe der Politik der Apartheid,

– die Aufgabe der Politik der Bantustans,
– die Herstellung der sozialen, wirtschaftlichen und politischen Gleichberechtigung aller Bevölkerungsgruppen; dies schließt die Sicherung der Rechte der Minderheiten ein.

Die Staaten der Europäischen Gemeinschaft haben einen Verhaltenskodex für europäische Firmen in Südafrika aufgestellt, der den Grundsatz der gleichen Behandlung von schwarzen und weißen Arbeitnehmern verwirklichen will. Dies ist ein wichtiger Schritt, um dort, wo wir Möglichkeiten haben, zur wirtschaftlichen und sozialen Gleichberechtigung der Rassen beizutragen.

Die Bundesregierung hat mit Besorgnis auf Anzeichen reagiert, daß Südafrika einen Atomwaffenversuch planen könnte. Wir gehen davon aus, daß sich die südafrikanische Regierung an ihre Erklärung hält. Aber wir appellieren nochmals an sie, dem Nichtverbreitungsvertrag beizutreten, um so jeden Zweifel an ihrer Haltung zu beseitigen.

Die Zeit, in der eine friedliche Reform durch einen konstruktiven Dialog der Rassen noch möglich ist, läuft ab. Weiteres Zögern müßte in einen Rassenkrieg hineinführen, der in sein Chaos das ganze südliche Afrika ziehen könnte. Unsere Trauer gilt all denen, die schon jetzt Opfer des Gegeneinander der Rassen geworden sind. Südafrika kann Frieden nur finden, wenn es die Menschenrechte für alle Rassen verwirklicht.

Neben dem Nahen Osten, Zypern und dem südlichen Afrika gibt es weitere Herde ernster Konflikte. Uns allen steht gegenwärtig die blutige Auseinandersetzung am Horn von Afrika vor Augen. Auch für alle die anderen Konflikte gilt: Wir müssen jede Anstrengung machen, sie auf friedlichem Wege zu lösen.

IV

Eine Weltwirtschaft stabilen Wachstums und beschleunigter Entwicklung

Eine Welt des Friedens und der Partnerschaft ist nicht denkbar, ohne daß wir jene Kluft überwinden, die die heutige Welt fundamentaler teilt als alle ideologischen Gegensätze – die Kluft zwischen arm und reich.

Die Herausforderung an uns ist: eine neue Weltwirtschaftsordnung zu schaffen, die *allen* Menschen in *allen* Ländern ein Leben ohne Hunger und Not ermöglicht. Hier geht es *auch* um die Verwirklichung der sozialen und wirtschaftlichen Menschenrechte.

Diese neue Ordnung können wir nicht erreichen, indem wir Bestehendes und Bewährtes beseitigen. Wir müssen vielmehr die bestehenden Strukturen stetig fortentwickeln und sie an immer neue Bedürfnisse und Gegebenheiten flexibel anpassen.

Es geht darum, die Leistungsfähigkeit des marktwirtschaftlichen Lenkungsmechanismus zu erhalten und den Entwicklungsländern eine chancengleiche Teilnahme an der Weltwirtschaft und ein überproportionales Wachstum zu sichern.

Dem Bemühen um eine neue Ordnung muß die Einsicht zugrunde liegen, daß keine Seite – weder Entwicklungs- noch Industrieländer – ihr wirtschaftliches Ziel *allein* erreichen kann:

Die Entwicklungsländer können die Entwicklung nur beschleunigen in einem Klima allgemeinen weltwirtschaftlichen Wachstums; stabilere Rohstoffpreise, steigende Fertigwarenexporte der Entwicklungsländer, größerer Ressourcentransfer – all dies setzt voraus, daß die Industrieländer wieder zu dauerhafterem Wachstum zurückfinden.

Die Industrieländer andererseits brauchen für die Wiedergewinnung stabilen Wachstums auch die Antriebskräfte, die von einer beschleunigten Entwicklung ausgehen.

Die Weltwirtschaftsordnung muß also dem doppelten Ziel dienen: dem überproportionalen Wachstum in den Entwicklungsländern und dem stabilen Wachstum in den Industrieländern. Sie muß eine Ordnung der Gleichberechtigung und der gegenseitigen Verpflichtung sein, in der jede Ländergruppe Verantwortung für beide Ziele übernimmt, weil sie weiß, daß sie nur so das eigene Ziel verwirklichen kann. Was ist konkret zu tun?

1. Alle Länder müssen in gemeinsamer Anstrengung das *Wachstum der Weltwirtschaft* beleben, ohne die Inflation erneut anzuheizen. Einen Rückfall in die Rezession darf es nicht geben!

Die westlichen Industrieländer unternehmen in einer abgestimmten Strategie alle Anstrengungen für ein dauerhaftes, und das heißt, nicht-inflationäres Wachstum. Für die Bundesrepublik Deutschland betone ich:

Wir haben in den letzten Jahren durch eine starke Steigerung unserer Importe Wachstumsimpulse an die Weltwirtschaft gegeben.

Wir haben zugleich durch unsere relativ hohe Preisstabilität auch Stabilität exportiert.

Wir unternehmen weiter energische Anstrengungen zur Belebung der Konjunktur im eigenen Lande.

2. Wir müssen die Märkte der Industrieländer offenhalten und weiter öffnen für die *Fertigwarenexporte* der Entwicklungsländer.

Der Austausch von Industriegütern ist der dynamischste Sektor des Welthandels. Hier lagen schon bisher die Chancen für die Steigerung der Exporteinnahmen der

Entwicklungsländer. Hier liegen sie auch in Zukunft. Nur durch die stetige Ausweitung der Fertigwarenexporte aus den Entwicklungsländern können wir auch die überkommene Austauschstruktur, bei der die Entwicklungsländer vor allem Rohstoffe liefern, überwinden. Nur so können wir – mit anderen Worten – eine Struktur gleicher Rechte und gleicher Chancen für alle schaffen.

Der stetige Wandel der Welthandelsstruktur liegt auch im Interesse der Industrieländer: Freier Handel und weltweiter Strukturwandel, an Stelle von Dirigismus und Protektionismus, sind unverzichtbare Bedingungen des Fortschritts.

Die Bundesregierung warnt vor der Ausbreitung protektionistischer Tendenzen. Sie sieht in ihnen eine ernste Gefahr für die internationale wirtschaftliche Zusammenarbeit zwischen Industrie- und Entwicklungsländern.

Die Bundesrepublik Deutschland tritt deshalb in allen Organisationen, denen sie angehört, für den freien Welthandel ein, und das heißt, für die Offenhaltung und weitere Öffnung der Märkte.

Wir halten am freien Welthandel unbeirrt fest, auch wenn das für einige Sektoren unserer Volkswirtschaft schwierige Anpassungsprozesse notwendig macht. Selbst im Rezessionsjahr 1975 haben wir die Importe von Industriegütern aus den Entwicklungsländern um 24 Prozent gesteigert, und 1976 sogar um 32 Prozent. Diese Tendenz setzt sich in diesem Jahr fort.

Die Bundesrepublik Deutschland steht in der Prokopf-Einfuhr von Halb- und Fertigwaren aus den Entwicklungsländern an erster Stelle in der Welt. Sie hat gegenüber den nicht-ölexportierenden Entwicklungsländern ein Außenhandelsdefizit, und gab dadurch in den letzten Jahren diesen Ländern wichtige Wachstumsimpulse.

3. Wir müssen *stabilere Rohstoffpreise* erreichen. Die starken Preisschwankungen, die für viele Rohstoffe typisch sind, schaden beiden Seiten, rohstoffexportierenden wie rohstoffverbrauchenden Ländern. Sie machen in vielen Entwicklungsländern eine geregelte Durchführung der Entwicklungspläne unmöglich. Sie verstärken andererseits in den Industrieländern die Konjunkturschwankungen und führen dadurch zu Wachstumsverlusten.

Die Bundesregierung arbeitet – gemeinsam mit den Partnerländern der Europäischen Gemeinschaft und in enger Abstimmung mit den übrigen westlichen Industrieländern – aktiv in den UNCTAD-Verhandlungen über ein Integriertes Rohstoffprogramm mit.

Sie tritt für den Abschluß von Rohstoffabkommen dort, wo das sinnvoll ist, ein. Sie unterstützt ebenso die Errichtung eines Gemeinsamen Fonds. Dieser soll ein Schlüsselinstrument für die vereinbarten Ziele des Integrierten Programms sein.

Die Bundesregierung befürwortet neben der Preisstabilisierung auch Maßnahmen zur Stabilisierung der *Exporterlöse*. Diese sind besonders für die ärmsten Länder wichtig.

4. Wir müssen den *Technologietransfer* in die Entwicklungsländer fördern. Die Technologie muß allen Ländern ohne Diskriminierung zugänglich sein. Dies gilt auch für die friedliche Nutzung der Atomenergie.

Die Bundesrepublik Deutschland ist bemüht, in partnerschaftlicher Zusammenarbeit die Aufnahmefähigkeit der Entwicklungsländer für Technologie zu stärken. Sie fördert Privatinvestitionen in Entwicklungsländern, die wichtige Träger des Technologietransfers sind.

5. Wir müssen den *Ressourcentransfer* in die Entwicklungsländer steigern. 1976 erreichte der gesamte private

und öffentliche Netto-Kapitalzufluß in die nicht-ölexportierenden Entwicklungsländer fast 71 Milliarden Dollar. Er hatte sich damit gegenüber 1973 verdoppelt.

Die starke Steigerung trug entscheidend dazu bei, die Auswirkungen der Weltrezession auf die Entwicklungsländer zu mildern. Die westlichen Industrieländer haben in den letzten Jahren das Ziel eines Gesamtkapitaltransfers von 1 Prozent des Sozialprodukts erreicht; die Bundesrepublik Deutschland hat es mit 1,18 Prozent im Jahre 1975 und 1,19 Prozent im Jahre 1976 überschritten.

Nunmehr muß vor allem die *öffentliche* Hilfe gesteigert werden. Die Entwicklungsländer und vor allem die ärmsten unter ihnen brauchen vermehrt nichtrückzahlbare Zuschüsse und Kredite zu Vorzugsbedingungen. Die Bundesregierung hat deshalb für 1977 trotz angespannter Haushaltslage den Ansatz für die Entwicklungshilfe um über 20 Prozent erhöht; dies ist eine Zuwachsrate, die mehr als doppelt so hoch ist wie die des Gesamthaushalts.

Die Bundesregierung beteiligt sich intensiv auch an den Bemühungen, das Problem der Verschuldung zu lösen. Dieses Problem betrifft besonders bestimmte Entwicklungsländer. Wir wollen deshalb – wie bisher – gezielt helfen.

Hunger und Not in den Entwicklungsländern zu überwinden, dies ist die große Aufgabe unserer Zeit. Sie kann nur gelöst werden, wenn *alle* Länder, die dazu in der Lage sind, ihren Beitrag leisten.

Die sieben großen Industrieländer des Westens haben deshalb auf der Londoner Gipfelkonferenz die sozialistischen Industrieländer aufgefordert, sich an der notwendigen Steigerung des Ressourcentransfers in die Entwicklungsländer zu beteiligen.

1976 war die Entwicklungshilfe der COMECON-Staaten weniger als ein Viertel dessen, was allein die Bundesrepublik Deutschland leistete. Ähnliches gilt für die Öffnung der Märkte. Die sozialistischen Industrieländer nehmen nur 4 Prozent der Exporte der Entwicklungsländer auf, die OECD-Länder fast 75 Prozent.

Die sozialistischen Industrieländer sind längst in die Weltwirtschaft einbezogen. Sie sollten deshalb auch im eigenen Interesse Verantwortung für die weltwirtschaftliche Stabilität und die Entwicklung übernehmen.

6. Wichtig für den Entwicklungsprozeß sind auch *ausländische Privatinvestitionen.* Sie bringen Kapital, Technologie, moderne Methoden der Unternehmensführung und Verbindung zu den Weltmärkten.

Die Möglichkeiten können jedoch nur genutzt werden, wenn Industrie- und Entwicklungsländer in gemeinsamer Verantwortung ein Klima gegenseitigen Vertrauens schaffen, das einem kontinuierlichen Fluß ausländischer Investitionen günstig ist. Dabei geht es nicht nur um Rechtssicherheit für die Investoren. Es geht auch darum, daß die mit Auslandsbeteiligung errichteten Unternehmen bereit sind, sich harmonisch in die Entwicklungspläne einzufügen, und daß von ihnen keine Versuche politischer Einflußnahme ausgehen. Die Bundesrepublik Deutschland bekennt sich auch hier zur Souveränität und Unabhängigkeit aller Länder.

7. Eine wachsende Weltbevölkerung kann nur ernährt und eine wachsende Weltwirtschaft kann nur mit Rohstoffen versorgt werden, wenn die *Nahrungsmittel- und Rohstofferzeugung* ausreichend und kontinuierlich steigt. Gegenwärtig findet der größte Teil der Getreide- und Rohstoffproduktion in den Industrieländern statt.

Wir können den steigenden Bedarf jedoch auf Dauer nur decken, wenn auch die Entwicklungsländer ihre Produktion stetig ausdehnen. Auch hier ist ein wichtiges Feld für die Zusammenarbeit.

Eine der größten Herausforderungen stellt uns die *Energiefrage.* Die Welt muß in den verbleibenden Jahren dieses Jahrhunderts den Übergang vom Öl zu neuen Energieformen bewältigen.

In der Übergangszeit kommt den Ölländern eine große Verantwortung zu. Die Industrieländer ihrerseits müssen zu *dem* Maß an Selbstdisziplin bereit sein, ohne das die Aufgabe der Energieeinsparung und der Entwicklung alternativer Energien nicht zu lösen ist.

8. Von großer Bedeutung für die Zukunft des weltwirtschaftlichen Wachstums und der Entwicklung ist ein erfolgreicher Ausgang der *Seerechtskonferenz.*

Zum kritischen Punkt der Verhandlungen hat sich hier die Frage der Ausbeutung der Bodenschätze des Hohen Meeres entwickelt. Wir müssen ein internationales Meeresbodenregime schaffen, und wir müssen es angesichts der langen Vorlaufzeiten für Investitionen im Meeresbodenbergbau schnell schaffen. Dieses Regime muß eine rationelle Rohstoff-Förderung ermöglichen und den Interessen aller Länder, der rohstoffverbrauchenden wie auch der rohstofferzeugenden, gerecht werden.

Es darf nicht monopolistisch ausgerichtet sein, es muß allen interessierten Staaten ohne Diskriminierung Zugang zu den Bodenschätzen des Hohen Meeres geben.

9. Im Mittelpunkt der Entwicklungspolitik muß der Mensch stehen. Deshalb muß die Befriedigung der *Grundbedürfnisse aller Menschen* Priorität jeder Entwicklungsstrategie sein.

Das Wachstum muß nicht nur beschleunigt werden, es muß auch richtig strukturiert sein. Es muß seinen Schwerpunkt in den Bereichen haben, wo die Armen leben und den Lebensunterhalt suchen.

Die Annahme, daß Wachstum »irgendwie« zu den

Armen duchsickere, hat sich als falsch erwiesen. Es gilt, die Armut *direkt* zu bekämpfen; es gilt, den Armen die Fähigkeit und die Möglichkeit zu produktiver Beschäftigung zu geben.

Ich habe einige wichtige Bereiche herausgehoben, in denen wir in unserem Streben nach einer Weltwirtschaftsordnung der gemeinsamen Verantwortung praktische und schnelle Fortschritte machen müssen.

Die Bundesregierung wird sich mit aller Kraft dafür einsetzen, solche Fortschritte zu erzielen. Sie erhofft zusätzliche Impulse von der in diesen Tagen gegründeten unabhängigen Kommission für Internationale Kooperation. Sie begrüßt, daß eine Persönlichkeit von dem hohen internationalen Ansehen und der großen politischen Erfahrung Willy Brandts die Verantwortung für diese Kommission übernommen hat.

V

Die Verwirklichung der Menschenrechte

Eine Welt der Partnerschaft muß auch eine Welt der Verwirklichung der Menschenrechte sein. In unserem Streben nach einer humanen Welt müssen wir mit aller Kraft auch den sich ausbreitenden Formen *nichtstaatlicher* Gewalt Einhalt gebieten.

So ist die *Geiselnahme* zu einem akuten Problem aller Menschen geworden. Die Bundesregierung hat deshalb in der letzten Generalversammlung eine internationale Konvention gegen Geiselnahme vorgeschlagen. Erste Beratungen in dem Ausschuß, der mit der Ausarbeitung einer solchen Konvention beauftragt ist, haben den Willen zur sachlichen Zusammenarbeit bei der Lösung dieser Aufgabe bestätigt.

Wir müssen die begonnene Arbeit mit aller Energie fortsetzen. Ich bitte die Generalversammlung, das Mandat des Ausschusses gemäß seiner Empfehlung zu verlängern.

Wir müssen darüber hinaus bei der Lösung des umfassenden Problems des *Terrorismus* Fortschritte machen. Der Terrorismus in seiner nationalen und seiner internationalen Form ist zur ernsten Gefahr für das friedliche und freiheitliche Zusammenleben der Menschen geworden. Wir müssen dieser Gefahr gemeinsam begegnen.

Im letzten Jahr traten die beiden *Internationalen Pakte* über *wirtschaftliche, soziale und kulturelle Rechte* und über *bürgerliche und politische Rechte* in Kraft. Beide Pakte gehören untrennbar zusammen; denn die Freiheit von Not ist kein geringeres Menschenrecht als die Freiheit von Angst.

Nunmehr gilt es, die Menschenrechte weltweit durchzusetzen. Auch hier müssen die Vereinten Nationen Vorkämpfer sein. Weltweite unabhängige Instanzen sind nötig. Ich unterstreiche, was ich im Vorjahr zu den Aufgaben eines Menschenrechtsgerichtshofs gesagt habe.

Seien wir uns stets bewußt: Die Idee der Menschenrechte ist die unaufhaltsame Kraft der modernen Welt, ihr gehört die Zukunft. Allein ihre *Verwirklichung* kann der Maßstab des Fortschritts in der Welt sein.

Personen- und Sachregister